アイデアいっぱい！！
遊んで学べる知育おもちゃ

寺西 恵里子

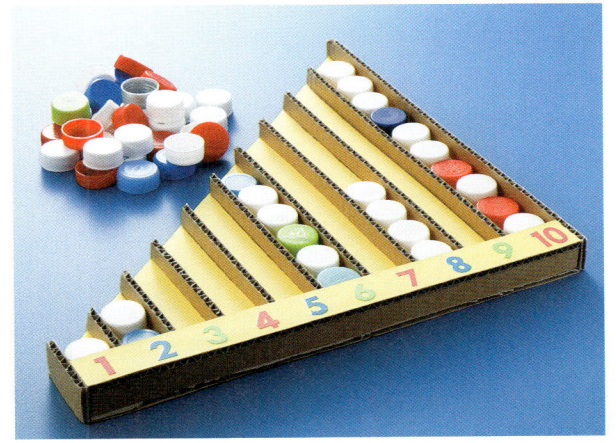

成美堂出版

アイデアいっぱい!!
遊んで学べる知育おもちゃ

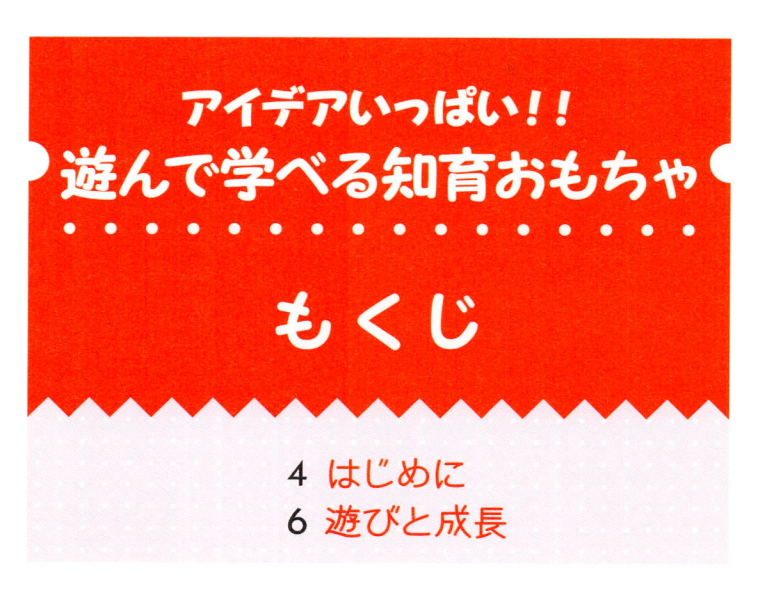

もくじ

- 4 はじめに
- 6 遊びと成長

小さい子 0・1・2歳の遊び

- 26 にぎにぎ
- 27 ペットボトルのガラガラ
- 28 カタカタ人形
- 30 1枚で立体になるモビール
- 31 キラキラモビール
- 32 形落とし
- 33 ビーズコースター

色と形の遊び

- 8 形合わせ
- 9 動物合わせ
- 10 牛乳パック4つの絵合わせ
- 12 牛乳パック2つの絵合わせ
- 13 形でお絵描き
- 14 フェルトのはめ絵
- 15 スプレー形合わせ
- 16 雑誌の切り抜きパズル
- 17 色探し

お人形遊び

- 34 パペット
- 36 タオル人形
- 38 フィンガーパペット
- 39 スポンジパペット

手先の遊び

- 18 くまとうさぎのスナップつなぎ
- 19 汽車のマジックテープつなぎ
- 20 魚のボタンつなぎ
- 22 ボトルキャップのひも通し
- 23 ライオンと木のひも通し
- 24 洗濯バサミつなぎ
- 25 リボン結びおもちゃ

男の子のおもちゃ

- 40 サッカーボール
- 41 ボールいろいろ
- 42 牛乳パックの車
- 44 ロードマップ
- 45 線路と電車
- 46 段ボールの車

女の子のおもちゃ

- 48 段ボールキッチン
- 50 羊毛フェルトの野菜
- 52 バーガーショップ
- 53 スポンジケーキ
- 54 段ボールのマイハウス

水遊び

- 70 ペットボトルシャワー
- 71 魚釣り
- 72 進む船
- 74 金魚すくい
- 75 水時計

ゲーム遊び

- 56 輪投げ
- 57 巻き取りレース
- 58 ペットボトルの鈴落とし
- 60 ○×ゲーム
- 61 段ボールけん玉

学習遊び

- 76 日付と季節と天気のボード
- 78 時計遊び
- 80 あいうえおポケット
- 82 1から10の数
- 83 キリンの身長計
- 84 ABCカード

外遊び

- 62 シャボン玉
- 64 お砂場セット
- 66 水でお絵描き
- 67 フリスビー
- 68 どんぐりのおもちゃ
- 69 落ち葉でお絵描き

さあ、作りましょう!!

- 86 さあ、作りましょう!!
- 87 作り方の基本
- 88 作品の作り方&型紙

はじめに

子どもたちは生活や遊びの中から
たくさんのことを感じ、吸収し、
成長していきます。

ちょっとした刺激から
途方もない発想をし
夢中になる力を持っています。

1個の小石でも遊べる
遊びの天才です。

しかし……その反面、
環境によって大きく左右される
頼りない存在でもあります。

そんな子どもたちに良い環境を与え
たくさんのきっかけを
与えてあげられたら……と思います。

そんな思いから
うまれた知育おもちゃです。

遊ぶことで成長する子どもたちに
1つでもいいので
作ってあげてください。

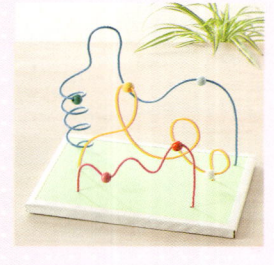

小さなおもちゃに
大きな願いを込めて……

五感に響く知育おもちゃ

知育おもちゃは
子どもたちの遊びのなかで、生活習慣を身につけさせ、
子どもたちの五感を刺激します。

幼児期は五感が刺激されることで
体験や経験を体で感じとります。
考える力をつけながら、成長していくので
知育おもちゃの役割は大きいものがあります。

手作りおもちゃの良さ

手作りのおもちゃを与えることが、
なにより1番の知育です。
愛情は、子どもにとっては栄養です。

手作りのおもちゃにしかない
大きな力があります。
うまくできなくてもいいので、
ぜひ、1つ作ってあげてください。

知育おもちゃの対象年齢

ほとんどが3歳から6歳まで、
幅広く遊べます。
0・1・2歳児も遊び方を工夫すれば
楽しめます。

赤ちゃんは見ているだけでも
五感が刺激されます。
パペットなど、お母さんが
話しかけてあげれば
赤ちゃんから遊べます。

遊びと成長

知育おもちゃで遊ぶことで、いろいろなところが成長します。
遊んでいるうちに自然に身につくことなので、
たくさんのおもちゃを与えてあげましょう。

1つ1つの力は小さくても、それぞれが合わさって、
いろいろなことができるようになります。
だんだんと考える力や判断する力がついていきます。

目でしっかり見る

色や形、ものを識別する力を養います。

耳で音を聞く

いろいろな音を聞き分ける力が身につきます。

さわってわかる

さわった触感の差がわかるようになります。

手先を上手に使う

いろいろな手先の動作ができるようになります。

ものごとを記憶する

さまざまなことを瞬時に記憶する力がついていきます。

自分の頭で 考える

答えを出そうとすることにより、考える力がついていきます。

話す ことで伝える

話すためのコミュニケーションが学べます。

生活力 を身につける

生活する上で大切なことが身につきます。

体を使って 運動する

体を動かすさまざまな力が身につきます。

自由に 想像する

想像する力が身についてきます。

新しいものを 作る

ものをゼロから作り出す力が身につきます。

好奇心 を育てる

どうなるんだろう?と興味をもつ力がうまれてきます。

愛情 を育む

愛情をもらうだけでなく、愛情をかけることもできるようになります。

色と形の遊び

丸や三角といった「形の違い」、赤や黄色といった「色の違い」、動物やものの「形の違い」などに興味が出てきたら、遊んでほしいおもちゃです。

フェルト2枚を貼り合わせているので、丈夫です。

 形合わせ

丸、三角、四角を2つに切ったパズルです。
単純な形ですが、集中力が高められる遊びです。

知育 POINT

2枚合わせると、どんな形になるかな？
はじめは難しく感じるかもしれませんが、やっていくうちに、できあがりの形が想像できるようになります。いろいろな形があるので、組み合せ方次第でお花や電車などを作って遊ぶこともできます。

ぴったり合う2枚を見つけ出そう！

作り方 P.88

動物合わせ

動物の頭と胴体を見つけて合わせるパズルです。
牛乳パックにフェルトを貼って作っています。

正しく合わせられるかな？

作り方
P.88・89

知育POINT

どんな動物ができたかな？

背景の色を合わせれば、小さなお子さんでも遊べます。「ぶたさんのしっぽはどんなかな？」と声かけしてあげたりすると、動物の形の認識にもなります。

色と形の遊び

牛乳パック4つの絵合わせ

4つのキューブをうまく組み合わせると、
1つの絵ができます。
考える力のつくパズルです。

6つの絵が完成！

知育POINT

どんな絵ができたかな？
背景の色を6色変えているので、小さいお子さんには背景の色が同じものを集めるように、声かけしてあげましょう。
できたら、必ずほめてあげましょう。

作り方

材料 ● 牛乳パック(1ℓ)：4本
フェルト：適量

型紙 P.89・90

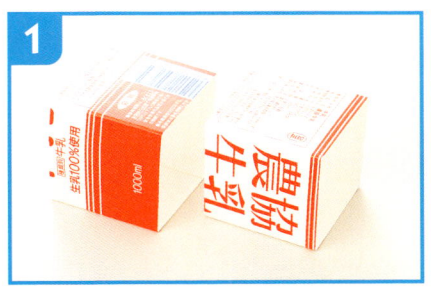

1 牛乳パックを7cmの輪切りにします。
（8個切ります）

2 1個の中にもう1個をはめ込みます。

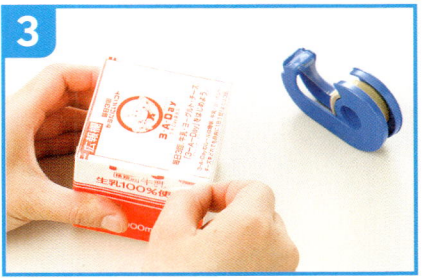

3 セロハンテープでとめます。

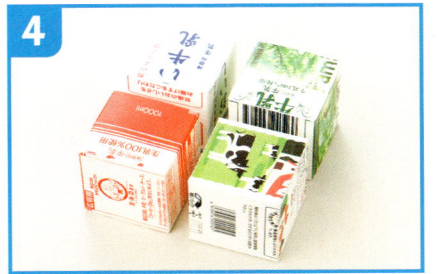

4 4つ作ります。

5 フェルトの土台とパーツ(柄)を切ります。

6 パーツの裏に木工用ボンドを塗ります。

7 土台にパーツを貼ります。

8 全てのパーツを貼ります。

9 4等分に切ります。
（同じように6柄全てを作ります）

10 6柄から1枚ずつ用意します。

11 牛乳パックに、10 をプラスチック用ボンドで貼ります。

12 同じように4つ作って、できあがりです。

色と形の遊び

🥛 牛乳パック2つの絵合わせ

2つのキューブの絵合わせです。
絵ができることで、達成感が味わえます。
小さいお子さんは2個からはじめましょう。

作り方
P.91

知育 POINT

2つ合わせると、どんな絵になるかな？
四角いキューブから6つの絵が完成することは、子どもにとってはとても不思議なこと。考える力や想像力が養われます。

🚩 形でお絵描き

三角や四角、いろいろな形を使ってお絵描きします。
未来のおうちや動物、なんでも作ってみましょう。

知育 POINT

なにを作ったのか、お話してみましょう。

ただ並べるだけでもいいし、「動物」とテーマを決めて作ってもいいですね。
できたら、「これはなに？」と質問してあげましょう。
1歩踏み込むと、より思考力がつきます。

テーマは「宇宙の乗り物」です！

作り方 P.90

| 色と形の遊び |

フェルトのはめ絵

フェルトのピンク色のくぼみにパーツを入れます。
形をよく見て、入れましょう。

フェルト2枚合わせのパーツ

フェルトの土台

パーツが入ったところ

知育 POINT

見る力が大切です。
くぼみの形をよく見て覚え、同じ形を探します。繰り返し遊ぶことによって、「形を覚える力」「形を認識する力」が養えます。

作り方 P.92

🚩 スプレー形合わせ

段ボールの上に段ボールで作ったパーツを置いて、スプレーするだけでできる形合わせです。

知育POINT

**見る、覚える、探す、はめる
4つの動作があります。**

1つ1つの動作がつながって1つのパズルが完成します。
次のステップへ進む力が大切です。
小さい子には「コップはどこかな？」と声かけしてあげてもいいですね。

作り方 P.93

色と形の遊び

雑誌の切り抜きパズル

子どもの好きなページを段ボールに貼って
世界に1つのパズルを作りましょう。

作り方
P.91

知育POINT

合わせたところを見せてから、はじめましょう。
はじめの絵をしばらく見せてからバラバラにします。どこかがつながったら、「すごいね！」と声をかけてあげましょう。
ほめることでやる気がアップします。

バラバラにして、スタート！

はじめに合わせたところを
見せて……

色探し

赤、青、黄のケースに
赤いはさみや青い虫めがねなど
家中からその色のものを集めて
同じ色のケースに入れる遊びです。

赤・青・黄のものを探そう!

いちごパック2個の間に色の布や色紙をはさみ、
ビニールテープで2個をとめてケースを作ります。

知育 POINT

色を認識する力がつきます。
赤と青と黄の違いを認識すると同時に、探すという行為で色を確認する力をつけます。
時間を決めて競争したり、「5つ見つけましょう」と声かけしたり、いろいろに遊べます。

作り方 P.91

手先の遊び

大きくなるにつれて、手先の細かいこともできるようになってきます。手先を使って遊んでいるうちに、集中力ややり遂げる力が自然に身につくおもちゃです。

くまとうさぎのスナップつなぎ

手にはスナップボタンがついていてパチンとはめるとくまとうさぎが手をつなぎます。

右手は裏に左手は表にスナップボタンがついています。

知育 POINT

よく見て、はめましょう。
大人には簡単なスナップも、子どもにとってはたいへんです。片手はスナップが裏についているので、どこにあるのかよく考えて、はめることが大切です。

作り方 P.92

汽車のマジックテープつなぎ

電車の車両をマジックテープでつなぎます。
小さい子にもできるつなぎ遊びです。

知育POINT

手先のお稽古になります。
マジックテープの着脱の練習はもちろん、手先の器用さを養うお稽古にもなります。
車両の色が違うので、「赤をつなごう！」など声かけすることによって、色の認識もできます。

マジックテープはフェルトにボンドで貼るだけなのでとても簡単です。

作り方 P.94

手先の遊び

いくつなげるかな？

魚のボタンつなぎ

魚のしっぽについているボタンをはめて、色とりどりの魚をつないでいきます。
10匹いるので、子どもが大きくなったら数の認識にも役立ちます。

フェルトを2枚合わせにして、ボンドで貼るだけなので簡単です。

 POINT

集中力もつきます。
ボタンをはめることができるようになるのはもちろん、集中して1つのことをやり遂げる力がつきます。
色が違うので色の認識もでき、10匹いるので「いくつつながった？」など声かけすることによって、数の認識もできます。

作り方

材料 ● フェルト：適量　ボタン：10個　型紙 P.93

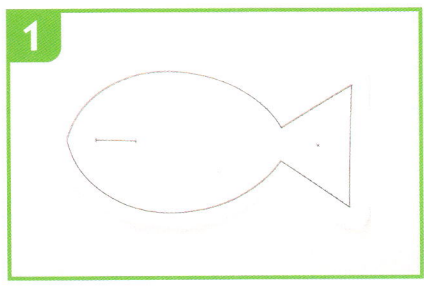
1. 型紙をひと回り大きく切ります。

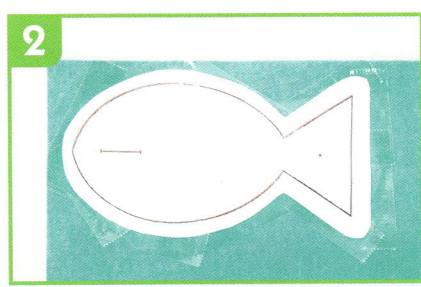
2. 型紙をフェルトにセロハンテープで貼ります。

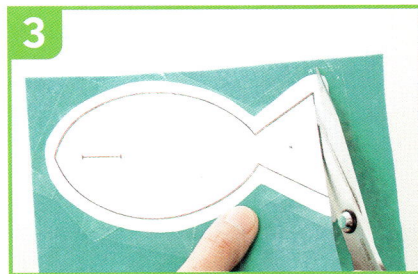
3. できあがりの線をセロハンテープごと切ります。こうすると、型紙を写さなくても切れます。

4. 切れたところです。切れた型紙を新しいフェルトに貼って、各色2枚ずつ20枚切ります。

5. 木工用ボンドを写真のようにつけます。

6. もう1枚のフェルトを重ねて、貼ります。

7. 中温のアイロンをかけると、すぐに接着できます。

8. 目の位置にまち針をとめます。

9. 針と針の間をカッターで切ります。

10. しっぽにボタンをつけます。

11. 糸の根元をくるくる巻いて、糸足をつけます。

12. できあがりです。（同じように10匹作ります）

手先の遊び

ボトルキャップのひも通し

穴をあけたボトルキャップにひもを通す遊びです。
ひもの先はセロハンテープを巻いて固くします。

はじめの1つはひもを結んで
ストッパーにします。

ペットボトルのふたの穴は熱した金串を使うと、簡単にあきます。

知育POINT

達成感を味わいましょう。
子どもにとっては1つ通せただけで感動！
「できたね！」と声をかけてあげましょう。
達成感が次への力にもなります。色を指定してみたり、数を指定してみたり、いろいろに遊べます。

作り方
P.93

ライオンと木のひも通し

ひもを通すと、ライオンのたてがみや木の枝になって、絵ができていきます。はじめは「ここかな？」などと声かけしてあげましょう。

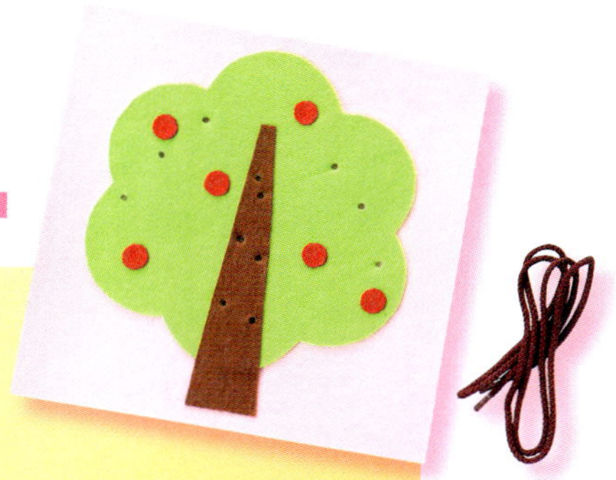

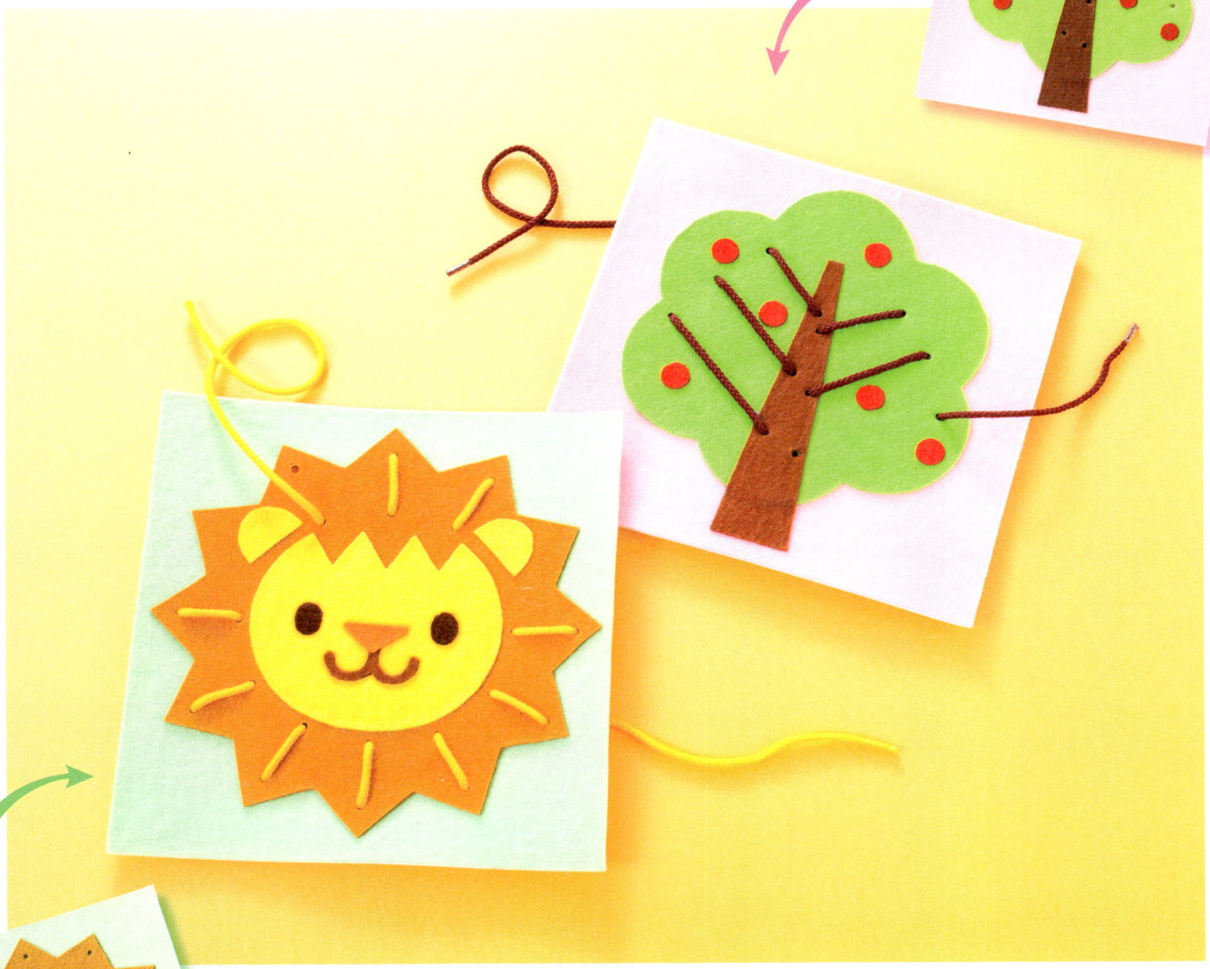

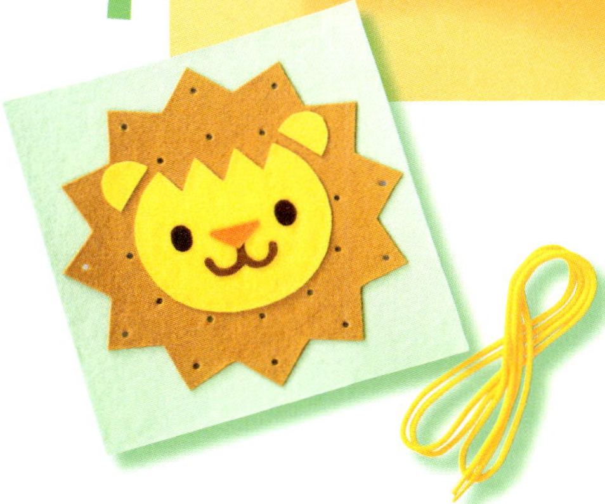

知育 POINT

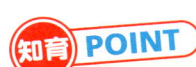

ひも通しは見る力、集中力、注意力を育てます。

穴はどこだろう？ どの穴に入れるのかな？などと考える集中力が必要な上に、間違った穴に入れないように注意力が必要です。ゆっくりていねいにやりましょう。

作り方 P.94・95

手先の遊び

お魚が尾ヒレをパクリ!

洗濯バサミつなぎ

洗濯バサミの先を広げるのも、子どもたちにとってはたいへん。どこに力を入れるといいのか、遊びながら学習していきます。

ビニールテープで柄をつけるだけで、おもちゃができます。

知育POINT
どうすればできるのかを考えます。
どこをつまんで、どこに力を入れると開くのかを遊びながら学習します。上手につなげないと途中で切れてしまうので、慎重にやりましょう。

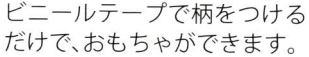
作り方 P.95

リボン結びおもちゃ

リボン結びはとっても難しいのですが、
くつひもなど子どもの生活の身近にあります。
おもちゃにしてあげれば、楽しく覚えられます。

くつひも結べたね！

作り方 P.95

知育 POINT

何回もやってみましょう。
リボン結びのやり方をまず教えてあげましょう。
それから、やってみます。できたら、ほどいてまたやりましょう。
くつひものほうはひも通しになっているので、ひもを通す遊びもできます。

小さい子 0・1・2歳の遊び

赤ちゃんの頃から
五感に訴えるおもちゃを
与えてあげたいですね。
思い出にも残る
はじめてのおもちゃを
作ってあげましょう。

作り方 P.97

にぎにぎ

赤ちゃんのはじめてのおもちゃ、にぎにぎです。
肌に優しいタオルで作ってあげたいですね。

知育POINT
少し重さがあった方がにぎりやすい。
綿を少し多めに詰めて、しっかりさせましょう。
少し重たい方が赤ちゃんはにぎっている手応えがあり、にぎりやすくなります。
小さい子は目の前で動かしてあげると、目で追うようになります。

ペットボトルのガラガラ

小さなペットボトルはガラガラにぴったり！
中身を変えればいろいろな音がして楽しいですね。

色つきの水　ぼんてん　ボタン
ビーズ　クリップ　ストロー　鈴

知育POINT

ボトルの口をビニールテープでしっかりとめます。
まちがって口が開かないように十分注意して、
ビニールテープをしっかり巻きます。
中身は赤ちゃんの反応を見て、これら以外で
もいろいろ作ってみましょう。

作り方 P.96

> 小さい子
> 0・1・2歳の
> 遊び

カタカタ人形

いちばん上から人形が、カタカタと左右に揺れながら落ちます。
竹串とビーズで作ったピンを段ボールに刺しただけの簡単な作りです。

人形の裏には、重りとしておはじきが貼ってあります。

知育 POINT
見る楽しみから、自分でやる楽しみへ。
赤ちゃんのときはその動きを見ているだけで楽しめるので、やって見せてあげましょう。成長とともに、自分でもやってみたくなり、できるようになります。年齢ごとに何段階にも楽しめるおもちゃです。

作り方

材料 ● 段ボール：適量　色画用紙：適量　厚紙：適量　プラスチックビーズ：12個　竹串：2本　おはじき：6個

型紙・製図 P.98

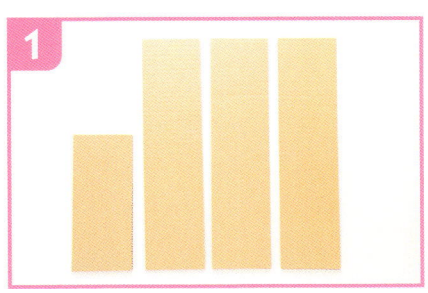
1. 土台を作ります。段ボールを指定の大きさに切ります。

2. 片面に色画用紙を貼り、目打ちで穴をあけます。

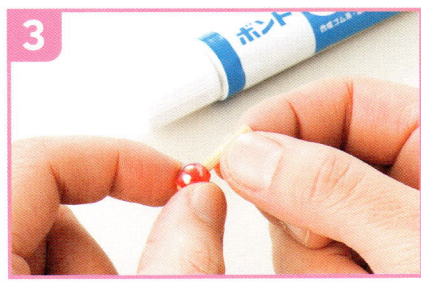
3. 2cmに切った竹串にボンドでビーズをつけます。

4. 2の穴に竹串の先にボンドをつけた3を刺して、貼ります。

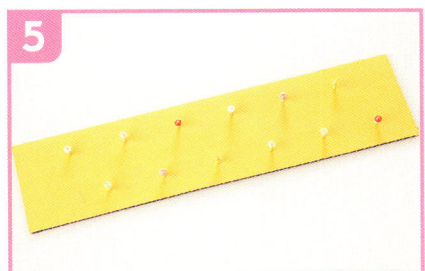
5. 全て刺したところです。

6. 土台を組み立て、テープで固定します。

7. 6に4を貼ります。

8. 人形を作ります。厚紙に色画用紙を貼ります。

9. 型紙をひと回り大きく切り、8にセロハンテープで貼ります。

10. セロハンテープごと切ります。（こうすると、型紙を写さなくても形通りに切れます）

11. 10に顔を描きます。

12. 裏におはじきを貼って、できあがりです。

小さい子
0・1・2歳の
遊び

1枚で立体になるモビール

1枚の色画用紙に切り込みを入れ、
前後に折るだけで立体的になるモビールです。
赤ちゃんが寝ながら楽しめるおもちゃです。

片づけもカンタン！

しまうときは、また、
1枚の紙に戻ります。
郵送で送ることもで
きますね。

切り込みを前後に折る
だけで立体になります。

知育 POINT

目で追うところからはじまります。
1歳くらいまでの寝ている赤ちゃんにぴったりのおもちゃです。
少しの空気の動きで、くるくる回ります。赤ちゃんの見やすいところに飾ってあげましょう。

作り方
P.98

✨ キラキラモビール

ゆらゆら揺れるだけでなく、
貼ってあるラインストーンがキラキラ光ります。
見ていて飽きない、楽しいモビールです。

キラキラ、ゆらゆらが楽しい!

作り方 P.96

吊るす棒も紙をくるくる巻いて作るので
軽くて安全なモビールです。

 **知育POINT**

ゆらゆら、キラキラ、刺激がいっぱいです。
赤ちゃんは動くものも好きですが、キラキラ光るもの
も大好きです。複数の棒で構成されているので、動き
も複雑になり、視覚的な刺激が多いモビールです。

ラインストーンはシールなので
簡単に貼れます。

> 小さい子 0・1・2歳の遊び

形落とし

同じ形の穴からパーツを落とします。
単純だけど楽しい遊びです。
入ったパーツが見えるのも達成感がありますね。

ストン！と落ちるのが楽しい！

作り方 P.97

大きくなったら、制限時間内にいくつ入れられるかなど、競争してもいいですね。

知育POINT

箱の穴に入るのはどれでしょう？
穴の形をよく見て、同じ形のところにパーツを持っていくとストンと落ちます。パーツを横にしたら、別のところから落ちます。形をしっかり見る観察力や集中力が身につくおもちゃです。

ビーズコースター

ビーズを指先で持って動かします。
レールの上で手を離せば、くるっと回転して落ちていきます。
いろいろな動きが楽しいコースターです。

作り方 P.99

3色のレールで色分けしてあるといいですね。

知育 POINT

ビーズの動きで、観察力が身につきます。

ビーズをつまんで動かすので指先でものをつまむ練習にもなり、小さなものをしっかり見る力がつきます。大きくなったら、台を逆さにしたり、斜めにしたりして、ビーズを動かして遊ぶこともできます。

お人形遊び

赤ちゃんから、
ずっと遊べるのがお人形です。
友達のように話しかけたり、
自分の子どものようにお世話したり、
成長には欠かせないおもちゃです。

2つ作ってあげると、世界が広がります！

パペット

ボディは20cm角のフェルト2枚で作れる簡単パペットです。
「こんにちは！」と話しかけてあげましょう。
2体あると、子どもといっしょにお話も作れますね。

こんにちは！

こんにちは！

「こんにちは！」で、はじまります。

あそぼう！

左右に揺らすだけでも、お話ししているように見えます。

ありがとう！

知育POINT

感情表現が豊かになります。
喜怒哀楽をパペットを通して表現することにより、泣いたり笑ったり感情の表現が豊かになります。
はじめと終わりに必ず挨拶から入るようにすると、挨拶も自然に身につきます。

またね！

バイバイ！

「バイバイ！」で、終わるようにしましょう。

作り方 P.99

お人形遊び

🐰 タオル人形

タオルを輪ゴムでしばってお人形を作ります。
10分もあれば、どこでも作れるお人形です。
作るところから見せてあげましょう。

知育POINT

ものを作る楽しさも伝えられます。

目の前で作ってあげることができれば、タオルがお人形に変身するおもしろさ、ものを作る楽しさを伝えることができます。できあがったら、はじめまして！と挨拶してあげましょう。

耳を長くすれば、うさぎになりますね。
いろいろアレンジして作ってみましょう。

作り方

材料 ● フェイスタオル：1枚　フェルト：適量
　　　　　輪ゴム：5本　リボン：適量
　　　　　ティッシュペーパー：適量

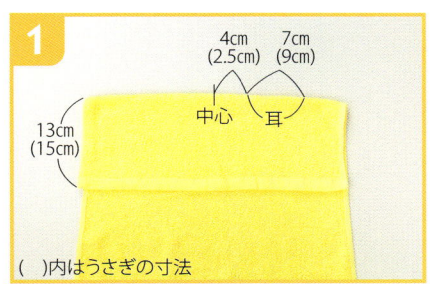

1
13cm（15cm）
4cm（2.5cm）中心　7cm（9cm）耳
（　）内はうさぎの寸法

タオルの端を13cm折ります。
（うさぎは15cm）

2
上を寄せて、耳を作ります。

3
輪ゴムでとめます。

4
耳ができたところです。

5
ティッシュペーパーを丸めて、後ろから入れます。

6
タオルを下から2つに折ります。

7
左右を内側に折ります。

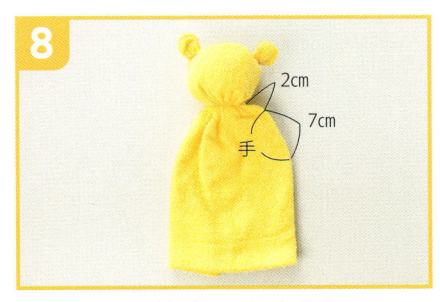

8
2cm / 7cm 手
首のところを輪ゴムでとめます。

9
左右の脇から手を作り、輪ゴムでとめます。

10
フェルトに両面テープを貼り、目・鼻の形に切ります。

11
9の顔に貼ります。

12
首にリボンを結び、できあがりです。

|お人形遊び|

🐰 フィンガーパペット

フェルトをボンドで貼って作るフィンガーパペットです。
簡単にできるので、お友達をたくさん作ってあげましょう。

こんにちは！
今日はピクニックに
行きましょう！
など、声かけしてみ
ましょう。

知育 POINT

お話作りをしましょう！
指人形が5つあると、お話を作ることができます。
はじめはおとなが見本を見せて、次にお話を続け
てもらいましょう。
お話作りで想像力や創作力が自然と身につきます。

作り方
P.100

スポンジパペット

スポンジで簡単にパペットが作れます。
口が大きく開くゆかいな様子が
子ども達には人気です。

お話ししましょう！

作り方 P.100

こんにちは！

好きな食べ物はなに？

歯を磨こう！

友達になったり、ナビゲーターになったり、
いろいろ使ってみましょう。

知育 POINT

人形遊びでコミュニケーション力がアップします。
パペットで遊ぶうちに、挨拶の仕方、話しかけ方、答え方が自然にわかるようになり、コミュニケーション力がアップします。
「さあ、寝ましょう！」など、パペットで話しかけるのもいいですね。

男の子の
おもちゃ

男の子が特に好きなおもちゃです。
ボールや乗り物、いろいろ
作ってあげましょう。

作り方
P.101

サッカーボール

五角形と六角形の組み合わせでできています。
小さい子から大きい子まで遊べます。

知育 POINT

年齢に合わせて固さを調節できます。
赤ちゃんのときは危なくないように、綿をフワフワに入れます。
大きくなってきたら綿を足して、しっかりしたボールにしてあげましょう。

ボールいろいろ

ボールは転がしたり投げたり、
いろいろに遊べます。
赤ちゃん用にはタオルで作りましょう。
紙のボールは子どもと一緒に作るのも、
いいですね。

知育POINT

つかむ、投げるなどの手の動きを覚えます。
「つかむ」ところから「投げる」ところまで、
年齢に合わせた運動能力が身につきます。
ボールがどっちに転がるかなど、予測する
力もつきます。

作り方 P.101

男の子のおもちゃ

🚗 牛乳パックの車

小さいときは乗るだけですが、
大きくなったら座って
足を動かし、前に進むこともできます。

子どもの好きな色の車に
してあげましょう。

知育 POINT

車に乗ってるつもり……は想像力が養われます。
車に乗ったら、声かけをしてあげましょう。
「どこへ行くの？」のひと言で世界は広がります。
声をかけてあげることも重要なポイントです。

作り方

材料 ● 牛乳パック(1ℓ)：46本　模造紙(白)：適量
　　　　　広告チラシ：適量　　段ボール：適量
　　　　　布テープ：適量　　　カラー布テープ：適量

1 牛乳パックを切ります。(19cmが38本、9.5cmが8本)

2 牛乳パックの中に同じ高さに切った広告チラシを適量丸めて入れ、補強します。

3 同じ長さのチラシの入っていない牛乳パックをかぶせてはめ込みます。19cmを19個、9.5cmを4個作ります。

4 3をセロハンテープで3個貼り合わせます。それを2列貼り合わせたものと3列貼り合わせたものを作ります。

5 4のそれぞれの上下を布テープでぐるっと巻いて、まとめます。

6 5の上に段ボールをのせ、布テープで貼ります。

7 中心の窓の部分をセロハンテープで写真のように、19cm 4個、9.5cm 4個で組み合わせます。

8 7を布テープでぐるっと巻いて、まとめます。

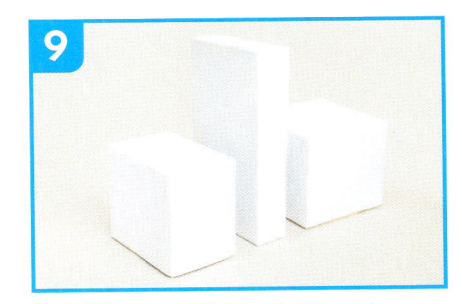

9 6と8を白い模造紙でくるみます。

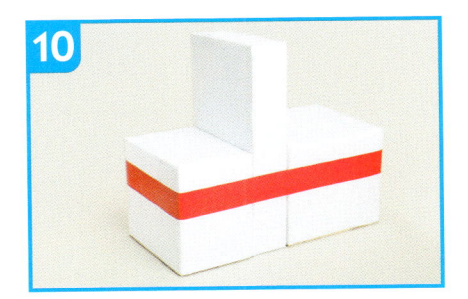

10 カラー布テープでぐるっと巻きます。

11 全体に巻きます。

12 布テープで柄をつけてできあがりです。

男の子の
おもちゃ

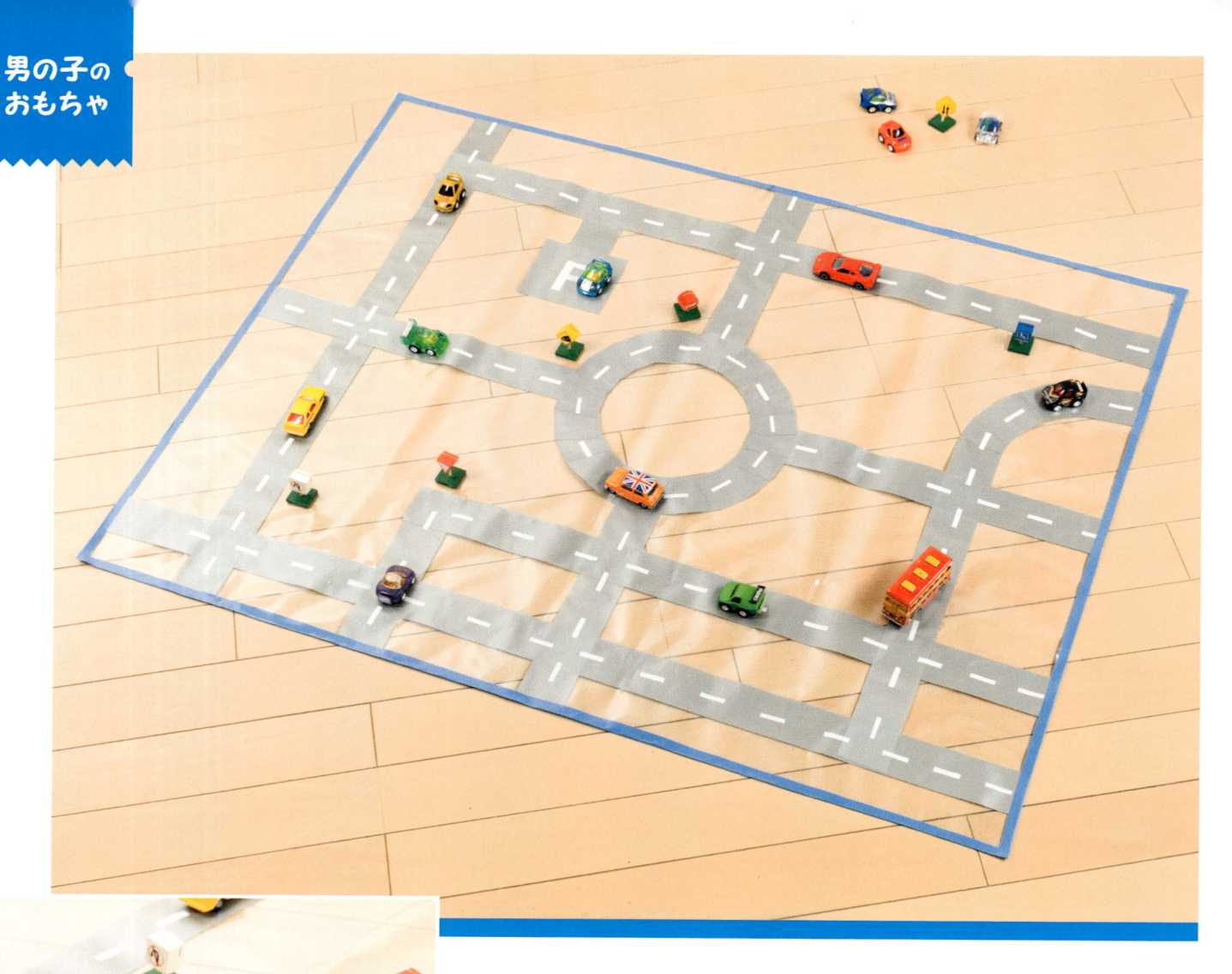

ロードマップ

透明のビニールシートに布テープで作った道路。
これだけで車ごっこがぐっと楽しくなります。
近所の地図で作ってもいいですね。

くるくる巻けるので
しまうときに
場所をとりません。

作り方
P.104

知育 POINT
車を走らせるのにもストーリーがうまれます。
ただ、車を走らせているより、道路の上を走らせることによって、リアリティが出てきます。
「どこに行くの？」「今日は道路が混んでますね」など、話しかけてください。想像力が豊かになります。

線路と電車

直線とカーブの線路を上手に組み合わせて
電車を走らせてみましょう。
電車はどこへ行くのか想像力も広がります。

知育POINT
図形を認識し、構成する力がつきます。
線路が、どこでつながるのか考えることで「形を認識する力」がつきます。また、線路をつなぐという遊びによって「構成する力」が養われます。

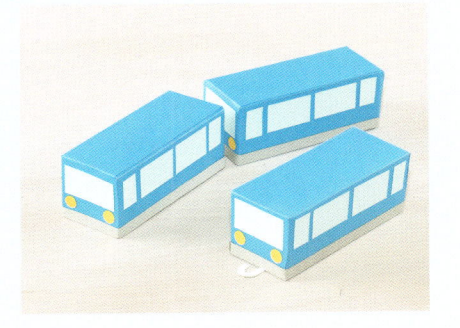

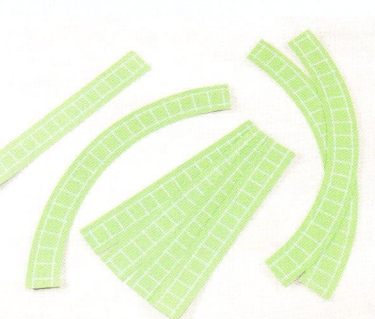

線路や電車は多く作れば作るほど、
遊びが広がります。

作り方
P.103

男の子の
おもちゃ

段ボールの車

段ボール箱があれば、意外と簡単に作れます。
ドアから入ることができ、ハンドルも動きます。
壊れたら布テープで修理すれば大丈夫です。

乗ってドライブしましょう!

作り方
P.102

知育 POINT

想像の中では本物の車です。
子どもの想像力では、段ボールも本物の車に変えてしまう力があります。実際に乗れる車は本物感が強いおもちゃです。作っている過程から見せてあげると大切にする力もアップします。

ドアが開きます。段ボールの厚みで留め金がなくても閉まります。

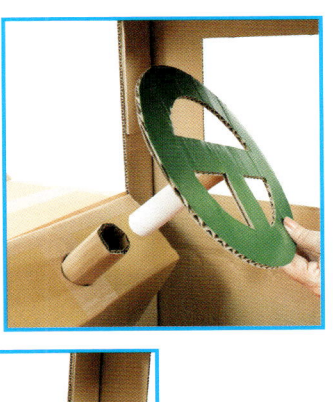

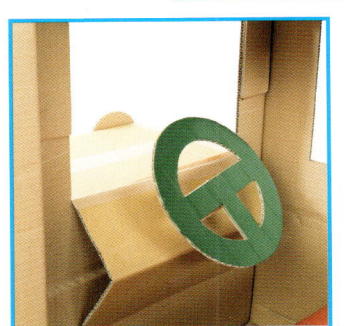

ハンドルの軸はラップの芯。
軸を刺す方も段ボールで作ります。

椅子も段ボールです。
中には段ボールを入れて、
座ってもつぶれないようにしています。

47

女の子のおもちゃ

女の子が特に好きなおもちゃです。
食べ物のおもちゃは人気で
一人でも何人かでも遊べます。

おままごとしましょう！

作り方
P.106

48

🥬🍎 段ボールキッチン

水が出なくても、火がつかなくても想像力でステキなキッチンになります。お鍋やフライパンも作ってあげましょう。

シンク

水は出なくても水道が魅力です。

調理台

つなげ方でいろいろなパターンのキッチンができます。

コンロ

オーブンもついています。

調理器具

厚紙にフェルトを貼って作ります。他にもいろいろ作ってみましょう。

知育POINT

ごっこ遊びから生活を学びます。

お母さんの真似をしているうちに、「野菜って洗うんだ」「フライパンに入れたら、混ぜるんだ」など見ていることで学びます。
真似をすることから生活を学んでいくので、いろいろなアイテムをそろえてあげましょう。

作り方 P.103-106

女の子のおもちゃ

🥬🍎 羊毛フェルトの野菜

ままごとの野菜もいろいろあると遊びが広がります。
羊毛フェルトなら本物そっくりに作れますね。
本物より少し小さく作るのがポイントです。

知育POINT

野菜1つでも遊び方はさまざま。
ご飯を作ろう！はもちろん、八百屋さんや収穫など
シチュエーションはいろいろ。
設定にヒントを与えてあげれば、どんどん広がります。

にんじんの作り方

材料 ● 羊毛フェルト：適量
ベース用羊毛フェルト：適量

型紙 P.106・107

1 ベース用の羊毛フェルトをにんじんの形にします。

2 羊毛フェルト用の針で全体を刺して固くします。

3 全体を刺すと、ひと回り小さくなります。

4 赤と黄色の羊毛フェルトを用意します。

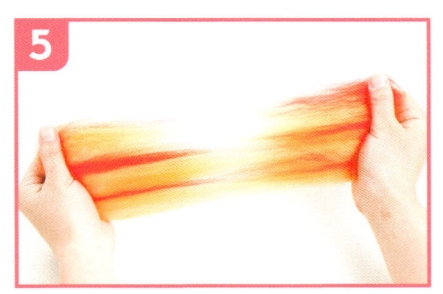

5 2色を重ねて引っ張ります。これを繰り返してオレンジ色の羊毛フェルトを作ります。

6 3に5を巻きつけます。

7 全体を羊毛フェルトの針で刺して固くします。

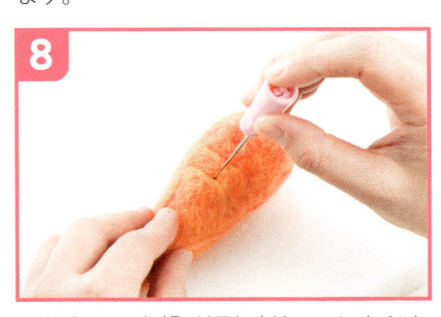

8 同じところを繰り返し刺して、にんじんのくぼみをつけます。

9 羊毛フェルトを葉の形にします。

10 全体を羊毛フェルトの針で刺して固くします。

11 同じように葉を3枚作ります。

12 にんじんに葉を差し込んで、針で刺してとめて、できあがりです。

| 女の子の
おもちゃ |

🍔 バーガーショップ

憧れのハンバーガーショップです。
注文を聞いてから作りましょう。
エッグバーガーにチーズバーガーなど
いろいろ作れます。

チーズ　トマト　たまご　レタス　ハンバーグ　バンズ(下)　バンズ(上)

上手に重ねれば、ダブルバーガーもできます。

作り方
P.107

知育 POINT

憧れの仕事も遊びに！

憧れているからこそ、よく見ています。
「いらっしゃいませ！ご注文はなんにしますか？」
真似ることからいろいろ学んでいくので、そのきっかけを与えてあげましょう。

パティシエ気分で作りましょう！

🍏 スポンジケーキ

憧れのパティシエになったつもりで作ります。
スポンジとフェルトを重ねて作るので簡単です。
できたら、ケーキに名前をつけましょう。

知育 POINT

組み合わせを考えてみよう！
与えられたパーツの中から組み立てていくことで、構成力が養われます。
また、小さなパーツを上手に重ねて作ることが、指先の訓練にもなります。

パーツが多いとケーキ屋さんごっこができますね。

作り方 P.109

|女の子のおもちゃ|

🍰🍏 段ボールのマイハウス

子ども達は自分サイズの狭い空間が大好き！
ちょっと落ち着くマイスポットです。
入ったり出たり、それだけで楽しいおうちです。

なんだか落ち着くマイスポットになります！

作り方 P.108

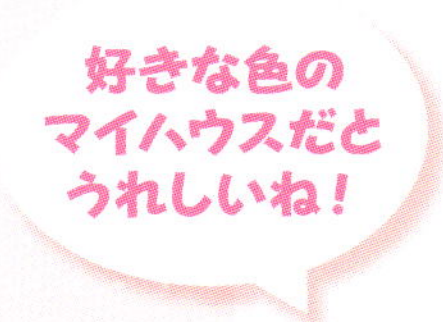

好きな色の
マイハウスだと
うれしいね!

布テープを貼ることで色や柄がついて、かわいく
なるだけでなく、ハウスが丈夫にもなります。

ドアは内側にはドアノブがないので
入って閉じることはありません。

えんとつは中から外が見えます。

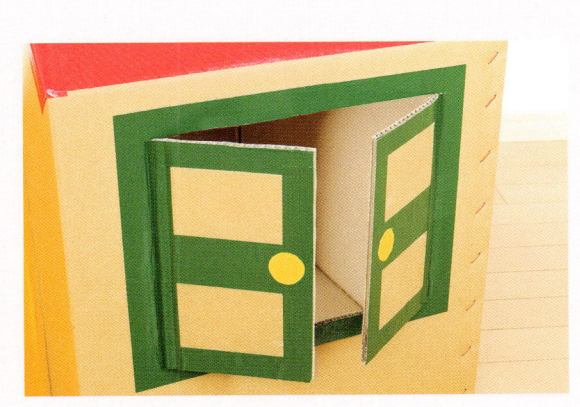

窓は中から押せば、簡単に開きます。

知育 POINT

このおうちの設定を考えるところから始まります。
大人が入れない小さな空間は、自分だけのマイスポット。
子どもの想像力には、すばらしいものがあります。
「誰のおうちですか?」から声かけをしてみましょう。

ゲーム遊び

いくつできたのか、誰が1番かなどを競うことで、どうしたら上手にできるかどうか、工夫する力、試行錯誤する力が養われます。できたときには達成感も味わえます。

輪投げ

ペットボトルで輪を作った輪投げです。
小さい子は近くから投げましょう。
できるようになったら、距離を延ばしましょう。

知育POINT
どうしたら、入るかな？
考えてこうしよう！と思った通りにきちんと投げられるかどうかが問われます。
頭と体の発達に役立つおもちゃです。

作り方 P.109

巻き取りレース

「よーい、ドン！」でひもを巻き取って
お菓子の箱の車を前に引き寄せます。
車を作るところからやってもいいですね。

どの車が速いかな!?

作り方
P.110

車をスタート地点に置いたら、
数メートル先まで糸を伸ばし、
巻き取ります。

知育POINT

巻き取るコツは？

早く巻き取るだけでなく、車がまっすぐ進む
ように巻き取るにはコツがいります。
どうすればいいのかを考える力や、早く巻き
取る運動能力がアップします。

お菓子の箱に窓とタイヤをつけるだけで、
かっこいい車ができます。

> ゲーム遊び

ペットボトルの鈴落とし

鈴を1番上から下に落とします。
小さい子なら落とせただけで達成感があります。
大きくなったら、タイムで競いましょう。

知育POINT
ほめてあげるとより達成感がアップします。
小さい子でもできたらうれしいもの。
鈴が下まで落とせたら、必ずほめてあげましょう。
達成感がアップし、成長につながります。

ペットボトルで作ります。
ビニールテープのカラフルな色が
ポイントです。

作り方

材料 ● ペットボトル(1.5ℓ)：3本　鈴：5個
クリアファイル：1枚
ビニールテープ：適量

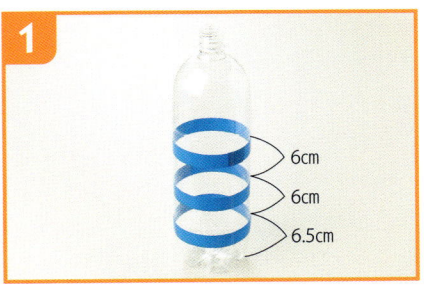

型紙 P.110

1 ペットボトルにビニールテープを巻き、切るところに印をつけます。（6cm／6cm／6.5cm）

2 テープとテープの間にカッターではさみの入れ口を切ります。

3 2にはさみを入れ、輪に切ります。

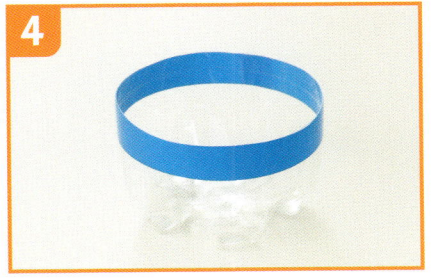

4 切れたら、テープの端に合わせて切ります。

5 同じように、高さ6.5cmの底を2個、6cmの輪を4個切ります。

6 仕切りの型紙をひと回り大きく切って、クリアファイルにセロハンテープで貼ります。

7 セロハンテープごとクリアファイルを切ります。

8 切れたところです。切った型紙をクリアファイルに貼って切る、を繰り返し、計5枚作ります。

9 8にビニールテープで柄をつけます。

10 仕切りのツメを折り、セロハンテープでペットボトルにつけます。

11 その上にビニールテープを巻き、輪をつなぎ合わせます。

12 10 11を繰り返して、最後に鈴を入れて閉じて、できあがりです。

59

ゲーム遊び

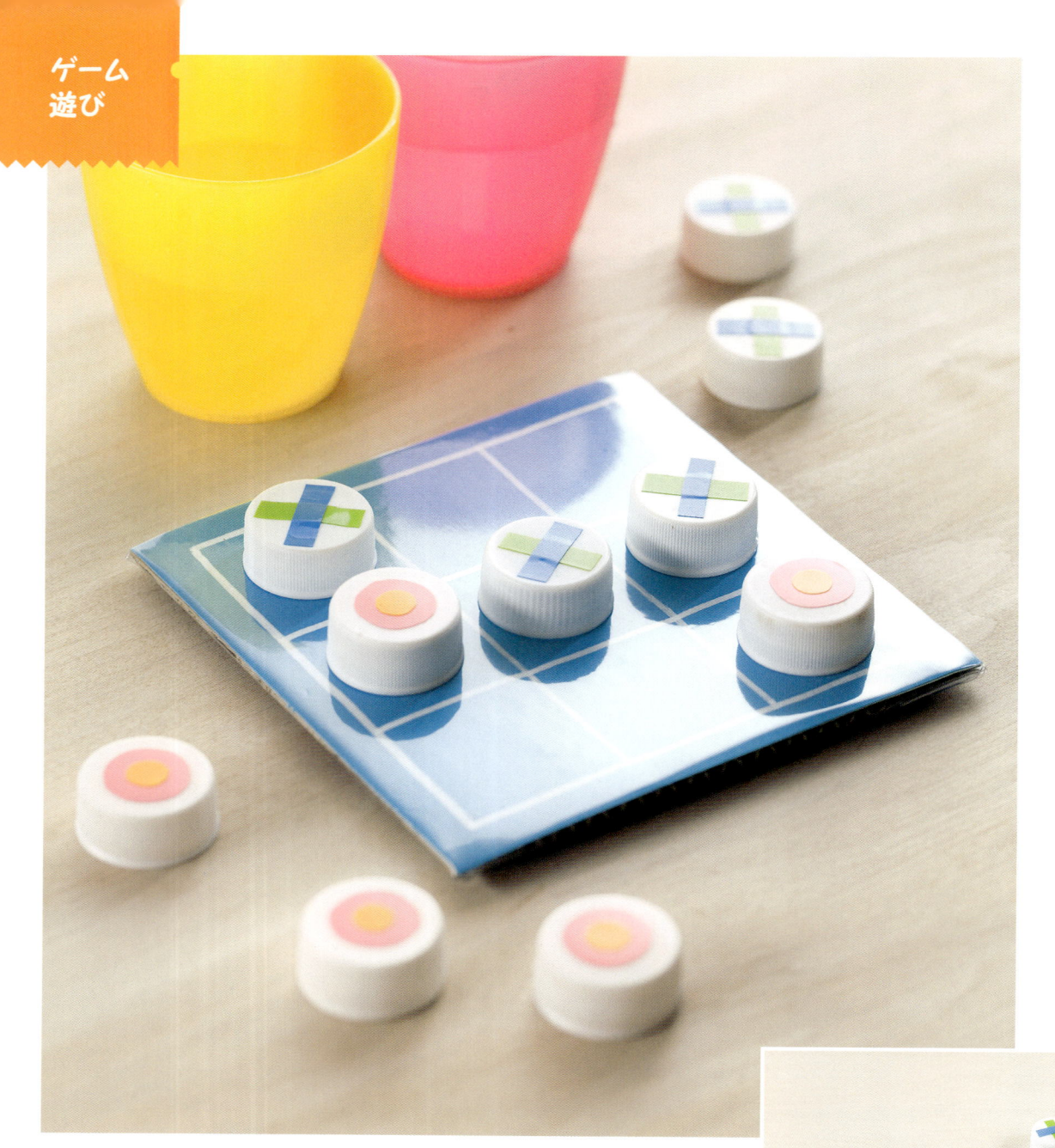

○×ゲーム

ルールは簡単、順にコマを置いて
先に自分のコマを3個並べた方が勝ち。
単純だけど、おもしろいゲームです。

知育 POINT

状況判断が身につきます。
このゲームは「自分がこうしたい」だけで進めるわけではありません。相手がどこに置いたかという状況判断をして、自分が置くところを考えます。大きくなれば、先を読む力も養えます。

作り方
P.111

コマはペットボトルのふたです。
小さいので持ち歩くこともできます。

段ボールけん玉

段ボールを切り抜いたけん玉です。
形がうさぎやサボテンになっている
だけでも興味が高まります。
うまくできたら、ほめてあげましょう。

右と左、どっちも入れてみよう!

知育 POINT

集中力とバランス力が養われます。
けん玉は集中力をアップさせるのはもちろん、
入れるために体全体のバランスをとる必要が
あるため、バランス力が養われます。
大きい子はけん玉作りからやってみましょう。

作り方 P.111

外遊び

外で元気よく遊べるおもちゃです。
おもちゃ1つで外が楽しくなる
ものを集めました。
簡単なものばかりなので
子どもといっしょに作るところから
楽しみましょう。

シャボン玉

ストローで吹くだけでも楽しいのですが
ちょっとした材料で、さまざまなシャボン玉ができます。
みんなでやるのも楽しいですね。

作り方
P.110

針金ハンガーの大きなシャボン玉

針金ハンガーで輪を作ります。
膜を張り、スーッと平行に動かすと大きなシャボン玉ができます。
ちょっとひねってシャボン玉液を切ると、連続でたくさん出ます。

> **シャボン玉液の作り方**
> 食器洗い洗剤を薄めて作ります。
> 蜂蜜を入れると壊れにくいシャボン玉ができます。
> 洗剤の量と水の量、蜂蜜の量は調整しながら作りましょう。

お花のモールのシャボン玉

膜を張ったところを吹くと連続してシャボン玉が出ます。
モールがシャボン玉液をたっぷり吸うので、次々出ます。

モールの輪のシャボン玉

膜を張ったところを吹くとそれぞれの輪からシャボン玉が出ます。
振り回してもシャボン玉が出ます。

知育 POINT

向上心から工夫がうまれます。
シャボン玉からでも、もっと大きいものを吹きたい、もっとたくさん出したいなど、よりよくしたくなる向上心が芽生えます。いろいろ試してみましょう。遊びの過程も子ども達の勉強になります。

糸つきモールのシャボン玉

糸の先にモールの輪をつけ、くるくる回すとシャボン玉が出ます。

63

外遊び

お砂場セット

ペットボトルで作るお砂場セットです。
これさえあればいつものお砂場が10倍楽しくなります。
型はいろいろなペットボトルで作ってもいいですね。

知育POINT

造形力や想像力がつきます。
砂や泥は、形が変化しやすいので、いろいろ考えなければ作れません。なにを作ろうかと考える想像力や作る造形力が自然に養われます。

掘って、山を作るところからはじめましょう。
型を使ってケーキも作れます。

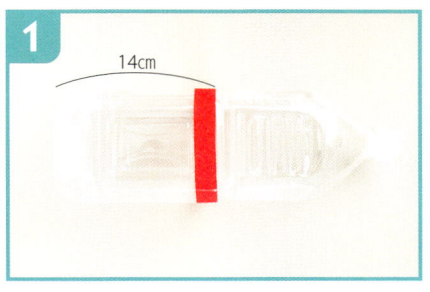

バケツの作り方
バケツ以外の作り方は112ページ

材料 ● ペットボトル（2ℓ）：1本
自在ワイヤー：適量
ビニールテープ：適量

型紙 P.112

1 ペットボトルにビニールテープを巻いて、切るところに印をつけます。

2 59ページを参考に切ります。

3 ビニールテープをはがし、入れ口の内側と外側をはさむように、半分に折って貼ります。

4 金串をコンロで赤くなるまで熱します。

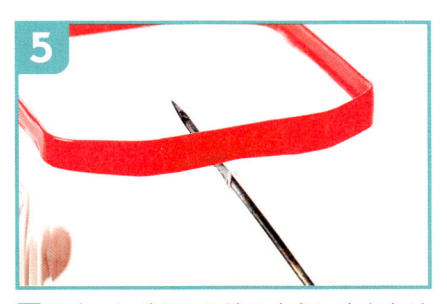

5 4でペットボトルの脇の中心に穴をあけます。

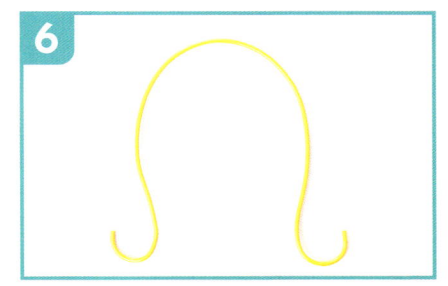

6 自在ワイヤーを取っ手の形にし、切ります。

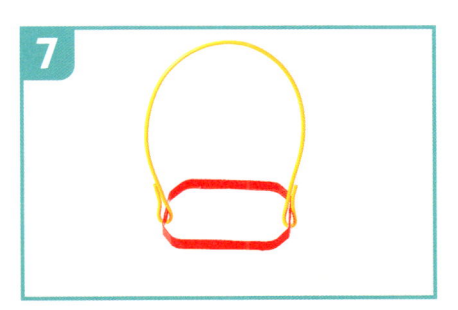

7 5に6の自在ワイヤーを通します。

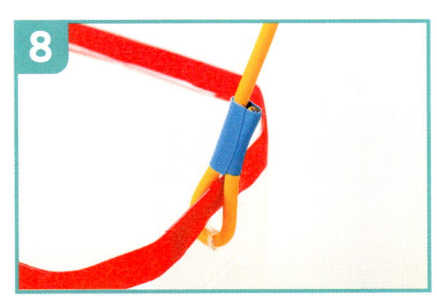

8 自在ワイヤーを折り返したところをビニールテープでとめます。

9 透明シートに図案を描きます。

10 透明シートの裏にビニールテープを貼ります。

11 10を図案通りに切ります。

12 11をはがして8に貼ってできあがりです。

外遊び

水でお絵描き

ペットボトルに2つ穴をあけ、
水で線路や道路を描いて電車や車を走らせます。
マヨネーズ容器に水を入れれば絵が描けます。

穴は小さい方が長い線路が描けます。

知育 POINT

アイデアで遊びは広がります。
水を使って絵を描こうと思えば、他にもいろいろ考えられます。
子どもといっしょに地面に絵を描く方法を考えてみましょう。

にぎる力など、何度かやるうちに調整できるようになります。

作り方
P.112

フリスビー

紙皿や丸いプラスチック容器で
フリスビーを作りましょう。
カラフルに作って、飛ばしてみましょう。

よく飛びます!

作り方
P.112

ビニールテープでカラフルに
造形すると、飛ばしたときの
きれいな模様を楽しめます。

知育 POINT
運動能力が養われます。
上手に飛ばすにはコツがいります。手の動き
や体の動きなど、運動能力がアップします。ど
れがよく飛ぶか、いくつか作ってみましょう。

外遊び

🍂 どんぐりのおもちゃ

どんぐりをたくさん拾ったら
やじろべえやコマを作ってみましょう。
顔料ペンで顔や模様を描くと、よりおもしろくなりますね。

ちょっとゆらすと楽しいよ!

作り方
P.113

柄が回ると、どう見えるのかも
楽しみましょう。

ビーズでバランスをとっています。

知育 POINT

自然のもので、遊びましょう。
どんぐりを拾いに行くところから、使って遊ぶところまで
いっしょにやってみましょう。
やじろべえやコマ回しではバランス感覚が養われます。

落ち葉でお絵描き

落ち葉を拾ってきて、色画用紙に貼りましょう。
落ち葉で何かを作ろう！からはじめてもいいし、
好きに貼って、それが何に見えるか
考えたりしてもよさそう。

作り方 P.113

知育POINT
想像力や造形力が養われます。
落ちている葉っぱも造形の材料になります。
形の制限のある中から作るお絵描きは、想像力や造形力がないとできないので、おすすめの遊びです。

木の実が目のようで、顔に見えます。

パイナップルに見えますが
横にすればお魚にも見えます。

水遊び

夏だけでなく、
お風呂でも一年中遊べる水遊びです。
水を活かした楽しい遊びを
させてあげれば
お風呂やプールが苦手な子も
大好きになります。

ペットボトルシャワー

ペットボトルで作る簡単シャワーです。
穴の大きさや数、位置によって水の出方はいろいろです。
作るところから楽しみましょう。

知育 POINT

水の出方を考えて作りましょう。
どうやったら、どんなふうに水が出るのかを
考えながら作ってみましょう。
考える分、ただ作るより楽しくなります。

作り方 P.113

穴が大きいとすぐに終わってしまうので、
小さく開けましょう。

70

魚釣り

ビニール袋で作った魚を
磁石をつけた釣り竿で釣りましょう。
何匹釣れるか、競争してもいいですね。

何匹釣れるかな!

魚の中にはカラーの荷作りひもが入っていて
きれいですね。

知育POINT
集中力を養います。
水の上に浮いていて不安定な上に釣り竿で
釣るので、子ども達にとってはたいへんです。
1匹の魚を狙ったら、集中して釣りましょう。

作り方 P.114

71

水遊び

進む船

牛乳パックで作った船です。
1つは風船に入った空気の勢いで、
1つは紙コップに入った水の力で動きます。

紙コップに入った水が
ストローから出る勢いで進みます。

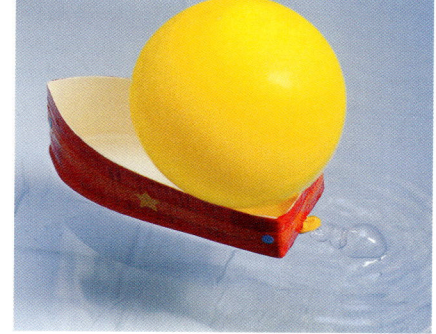

膨らました風船の空気が
外に出る勢いで進みます。

知育 POINT

思考力が養われます。
どうやったら、より早く上手に進むのか考えながら動かすので、思考力が自然と身につきます。
早く走れるようにいろいろ工夫するのがいいですね。

水で進む船の作り方

風船で進む船の作り方は113ページ

材料 ● 牛乳パック(1ℓ)：1本　ビニールテープ：適量
　　　紙コップ：1個
　　　ストロー：1本

型紙 P.113

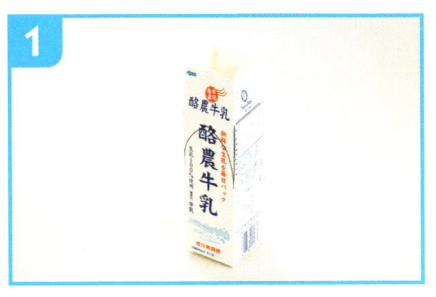

1 牛乳パックに印をつけて、切ります。

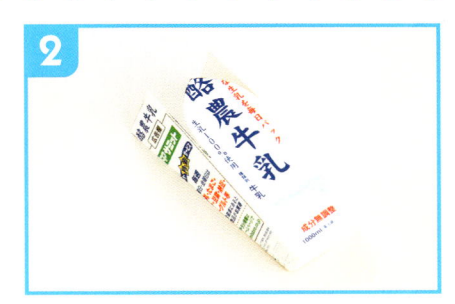

2 切れたところです。

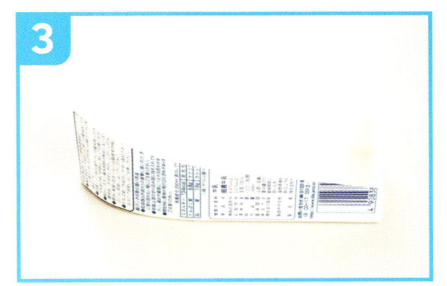

3 セロハンテープで船の形にし、組み立てます。

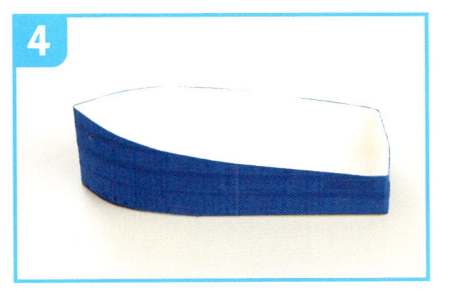

4 まわりにビニールテープを貼ります。

5 ビニールテープで柄をつけます。

6 後ろに目打ちで穴をあけます。

7 紙コップにも目打ちで穴をあけます。

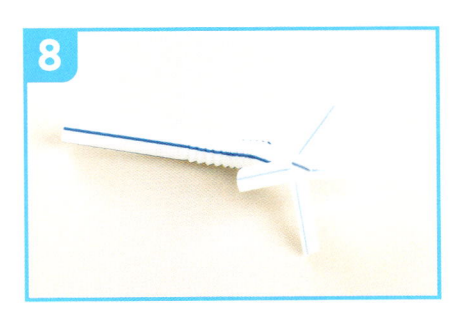

8 ストローを短く切り、先を4つに切って、写真のように開きます。

9 紙コップにストローをつけます。（内側にセロハンテープで貼ります）

10 紙コップにビニールテープで柄をつけます。

11 紙コップのストローを⑥の穴に刺します。

12 コップの底を船に貼って、できあがりです。

水遊び

🐟 金魚すくい

スーパーボウルを赤いビニールでくるんだ金魚を
スチレン皿で作った網ですくいます。
お風呂遊びにもいいですね。

知育 POINT

集中力がつきます。
意外と不安定で網にのりません。
集中してすくわないとできないので、すくい方の
工夫をする力はもちろん、集中力もつきます。

作り方
P.114

金魚が多いほど楽しいので
たくさん作りましょう。

水時計

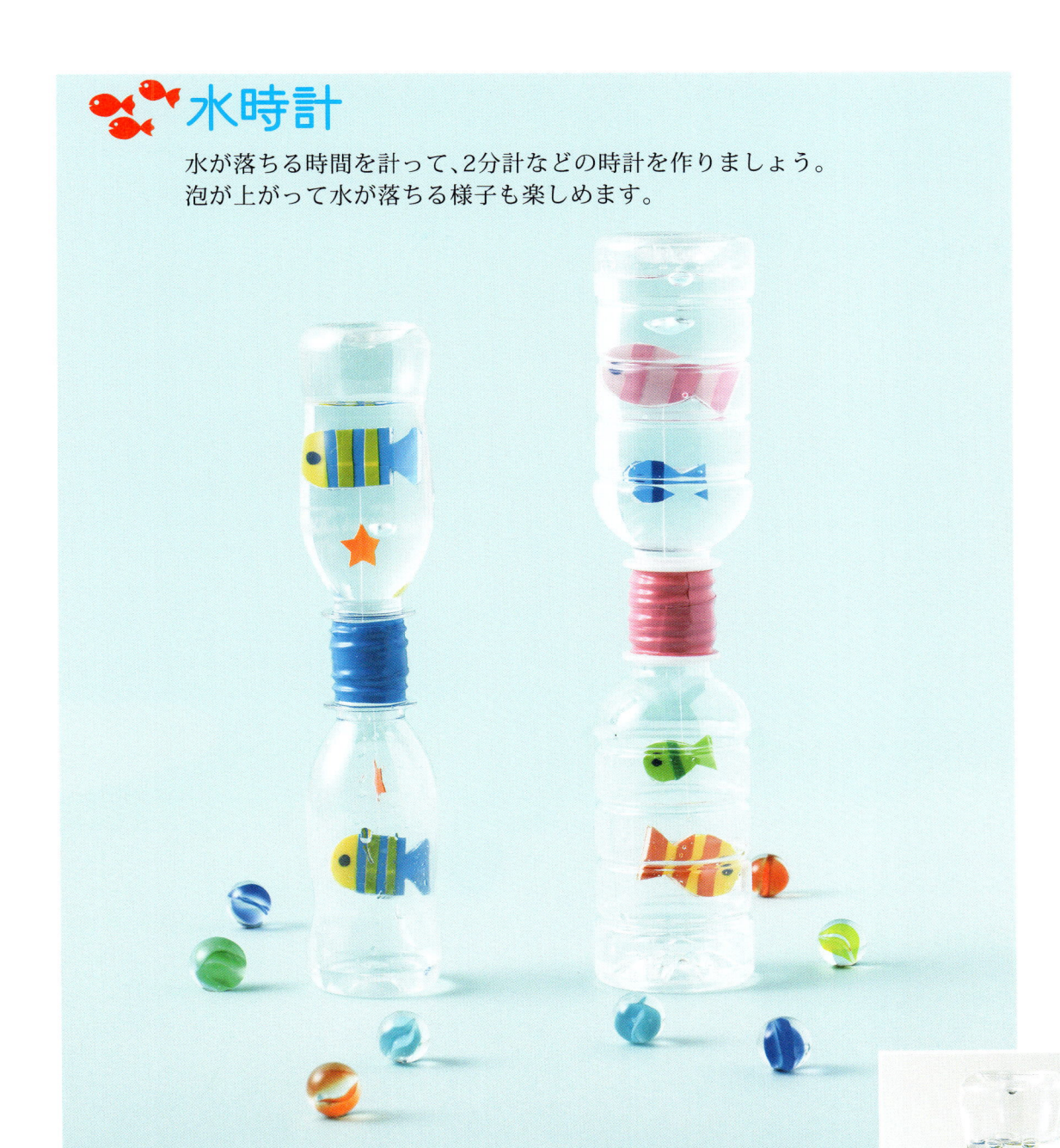

水が落ちる時間を計って、2分計などの時計を作りましょう。
泡が上がって水が落ちる様子も楽しめます。

作り方
P.115

知育 POINT

時間が計れることを知りましょう。
小さい子なら見ているだけでも楽しめますが、
「全部落ちると何分だよ」などと教えてあげると、なおよいでしょう。
「落ちるまで歯を磨こうね」などと言えば、生活でも使えます。

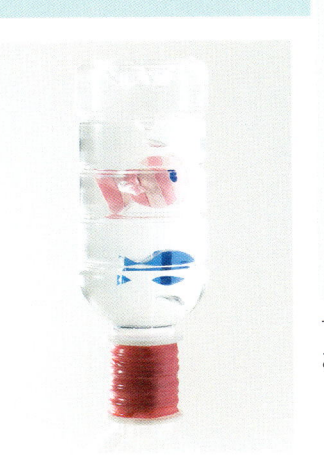

下から泡が上がってくると、
お魚が動きます。

75

学習遊び

子どもには遊びも学習も
区別はありません。
遊んでいるうちに覚えてしまうので
楽しんで学習できるように
いろいろ作ってあげましょう。

日付と季節と天気のボード

段ボールを土台にして色画用紙でフレームを作ります。
フレームに数字や曜日などを貼ります。
毎朝、貼るといいですね。

作り方 P.115・116

毎日貼りかえましょう!

作り方
P.116・117

年月日

曜日

知育 POINT
今日がいつなのかを教えてあげましょう。
「今日は何年何月何日ですか？」「何曜日ですか？」「天気はどうですか？」「季節は何ですか？」など質問して貼ってもらいます。
毎日の貼りかえも楽しみになり、そのうちに理解できるようになります。

季節

天気

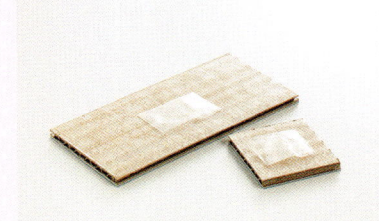

フレームをビニールシートでくるみます。
数字などのパーツの裏にセロハンテープの輪をつければ簡単に貼ることができます。

77

学習遊び

あそび A3B 21い 時計遊び

今が何時なのか？3時はどこに針があるのか？
1時間はどのくらいなのか？
時間の概念が遊んでいるうちに身につきます。

今、何時かな！

知育 POINT
時計が読めるようになります。
針を動かして遊んでいるだけでも勉強になります。
今と同じ時間を指してもらったり、針を動かしながら
寝る時間を約束したり、使い方もいろいろ広がります。

短い針が1つ進むごとに
長い針が1周することも教えてあげましょう。

作り方

材料 ● フェルト:適量　割りピン:1本
段ボール:適量
厚紙:適量

型紙 P.114

1 材料を切ります。

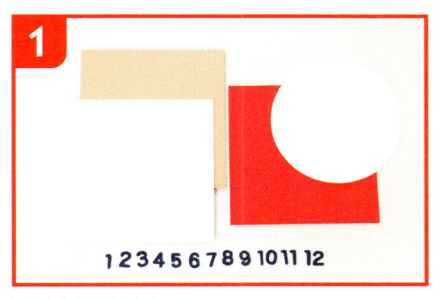

2 文字盤に数字を貼ります。

3 フェルトのベースに、**2**を貼ります。

4 厚紙に木工用ボンドで**3**を貼ります。

5 中心に目打ちで穴をあけます。

6 厚紙にフェルトを貼ります。

7 **6**を針の形に切ります。

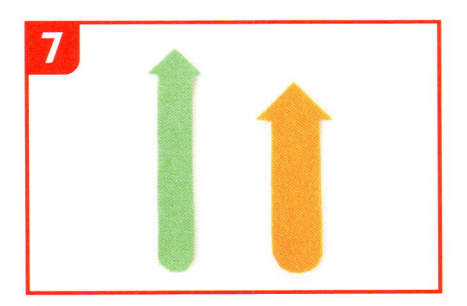

8 **7**に目打ちで穴をあけます。

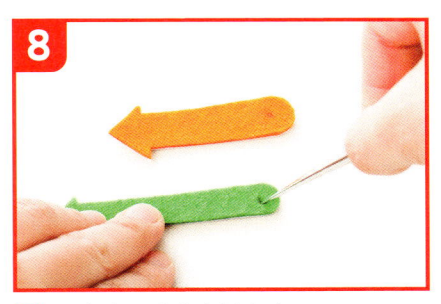

9 針に割りピンを通します。

10 **5**に**9**の割りピンを刺します。

11 裏で割りピンを開きます。

12 **11**をのりで段ボールに貼って、できあがりです。

学習遊び

あいうえおポケット

絵の下のその言葉の頭の文字を考え
ポケットに文字カードを入れます。
何度も繰り返して遊ぶうちに文字を覚えます。

作り方
P.117-123

わかったところから
入れていってもいいですね。

知育 POINT
遊びながら楽しんで覚えましょう。
ポケットに入れる動作が楽しくて、やっているうちに覚えます。
名前の文字を並べたりして、文字カードでもいろいろに遊べます。

学習遊び

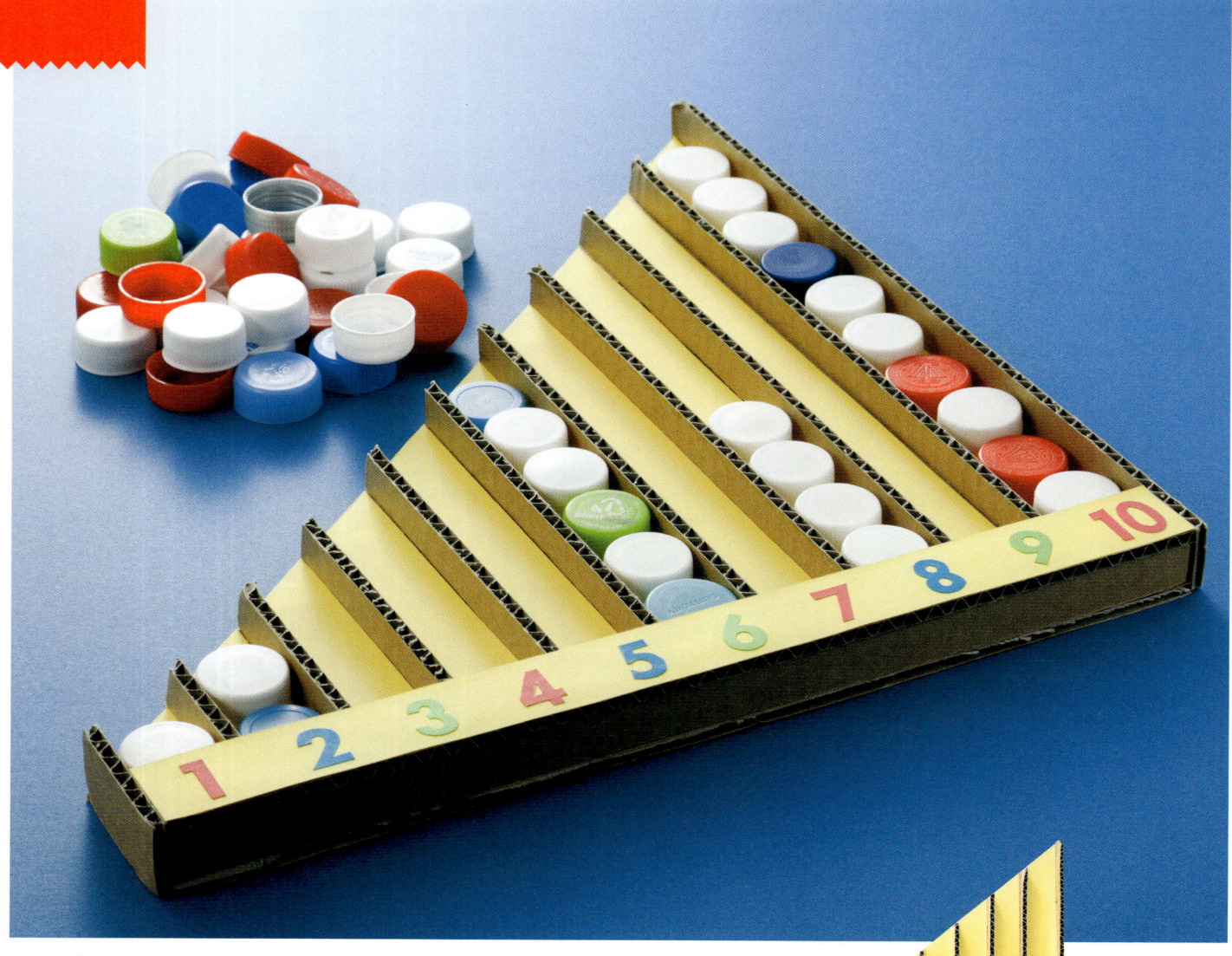

1から10の数

5のところにはペットボトルのふたが5つ入ります。5は5個のことだということがだんだんにわかって数字の概念が理解できるようになってきます。

知育POINT

1が、いちで、1つのこと
目で見てわかるのが、子どもにとっては1番です。数字の概念は難しいのですが、遊びながら数えたりするうちに身についてきます。

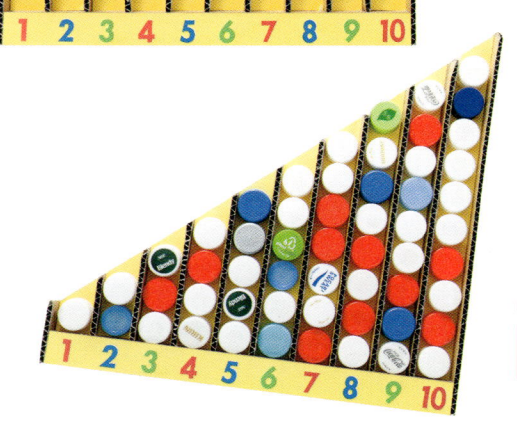

作り方 P.123

キリンの身長計

身長も数字です。背を測って、線を引いてあげましょう。
「102cmだね」などと声をかけてあげるだけで
数字に興味がわいてきます。

知育POINT

実感できる数字で。
子ども達は身長を言われると、そこに書いてある数字を見て、数と数字をつなげていきます。成長を楽しみにする意味でも数字を実感できる身長計はいいですね。

作り方
P.124

細かくてわかりにくい数字、
73cmなどは身長計に数字を
書き込んであげましょう。

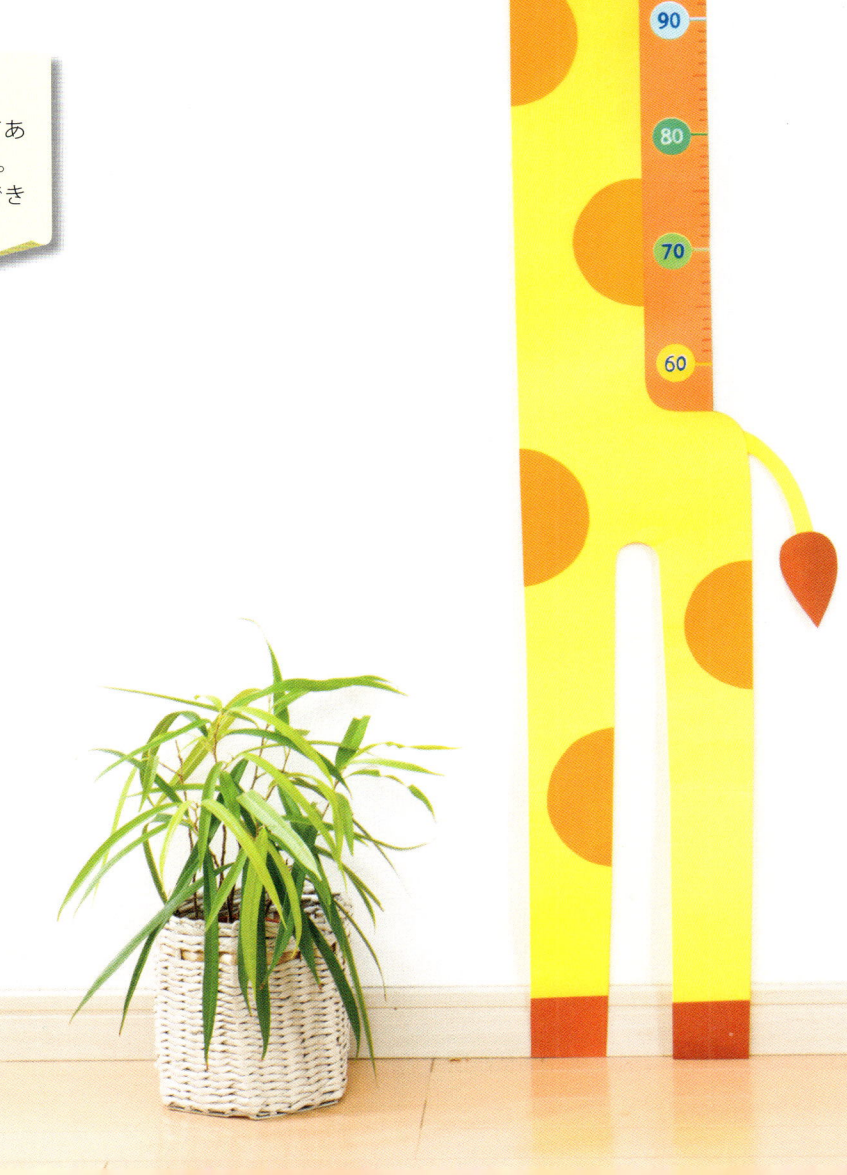

学習遊び

ABCカード
あつじ A 3 B 2 いい

英語も楽しんで自然に覚えられるこの頃。
英単語を楽しんで覚えさせてあげましょう。
大きくなったら、単語を並べても遊べます。

ABCも楽しく覚えましょう！

84

知育 POINT

いろいろな言葉があることを教えてあげましょう。
「英語ではりんごはアップルって言うんだよ。」
と教えるだけでもおもしろいと思う子どもたちです。
楽しく覚えられるのが1番。
英単語もたくさん教えてあげましょう。

絵から文字を連想したり、
文字から絵を連想したり、
「CAT」など、文字を並べても遊べます。

作り方 P.124-127

さあ、作りましょう!!

魅力がいっぱいの知育おもちゃは
子どもたちの五感に訴え
子どもたちが楽しく遊べるのは
もちろんですが……

それを作る側にも
たくさんの楽しさや喜びがあります。

何を作ろうかと考える楽しさ
材料をそろえる楽しさ
作る楽しさ
そして……
子どもたちに渡したときの喜び
遊んでる姿を見たときの喜び

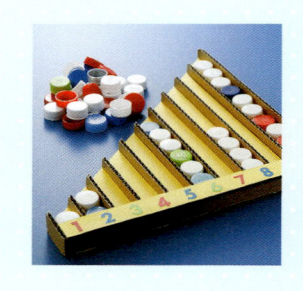

たくさんの思いに出会えます。

作るのは小さなおもちゃですが
できたものには大きな思いが詰まっています。

子どもといっしょに
楽しんで作ってください。

子どもにも
大人にも
魅力いっぱいの知育おもちゃです。

作り方の基本

どれも簡単に作れるものばかりですが、簡単だからこその、きれいに作れるコツがあります。
このページ以外にも、写真で1工程ごとに解説しているところを見ながら、ゆっくりていねいに作っていきましょう。

POINT 1
材料や用具はそろえてから始めましょう。

途中でもの探しをすると、きれいに作れなくなったり、モチベーションが下がったりするので、必ずそろえてからはじめましょう。

POINT 2
図案を写さない方法で切ります。

フェルトでも紙でも、図案をコピーして、土台にセロハンテープで貼ります。セロハンテープごと切ると、失敗も少なくきれいに切れます。

POINT 3
ボンドで貼って作れば簡単です。

フェルトの絵合わせなどは、縫ってもいいのですが、木工用ボンドで貼れば簡単に作れます。木工用ボンドとプラスチック用ボンドがあると便利です。

POINT 4
より安全に！より丈夫に作りましょう。

しっかり貼りつけ、しっかり縫いましょう。遊んでいて、危なくなったり、壊れたりしないように、ていねいに作りましょう。

作品の作り方＆型紙

この本は簡単に知育おもちゃが作れるように、デザインされています。
こう作ると簡単！こう作るときれい！といった技もいろいろあるので
作り方を読んでからはじめましょう。

＊ ---- 線はのりしろです。重なり部分があるので、のりしろに注意して切りましょう。

P.8 色と形の遊び　形合わせ

材料
フェルト 適量

作り方
フェルト2枚を木工用ボンドで貼り合わせて形に切り、いろいろな線で2つに切ります。

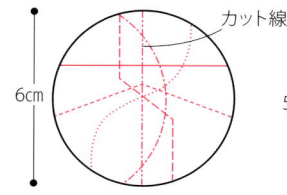

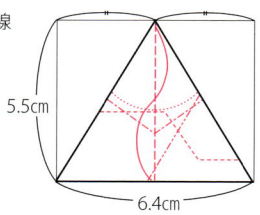

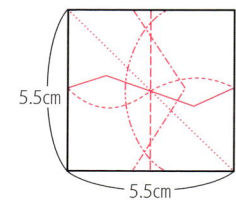

P.9 色と形の遊び　動物合わせ

材料
フェルト 適量
牛乳パック(1ℓ) 3本

作り方
❶ フェルトの土台にフェルトの動物を貼り、中心で切ります。
❷ 牛乳パックをはさんで①と土台の後ろを貼り合わせます。

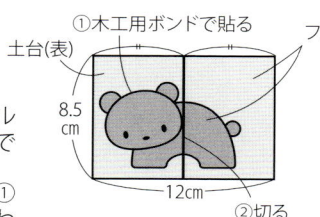

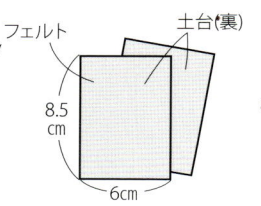

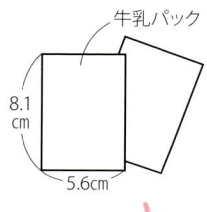

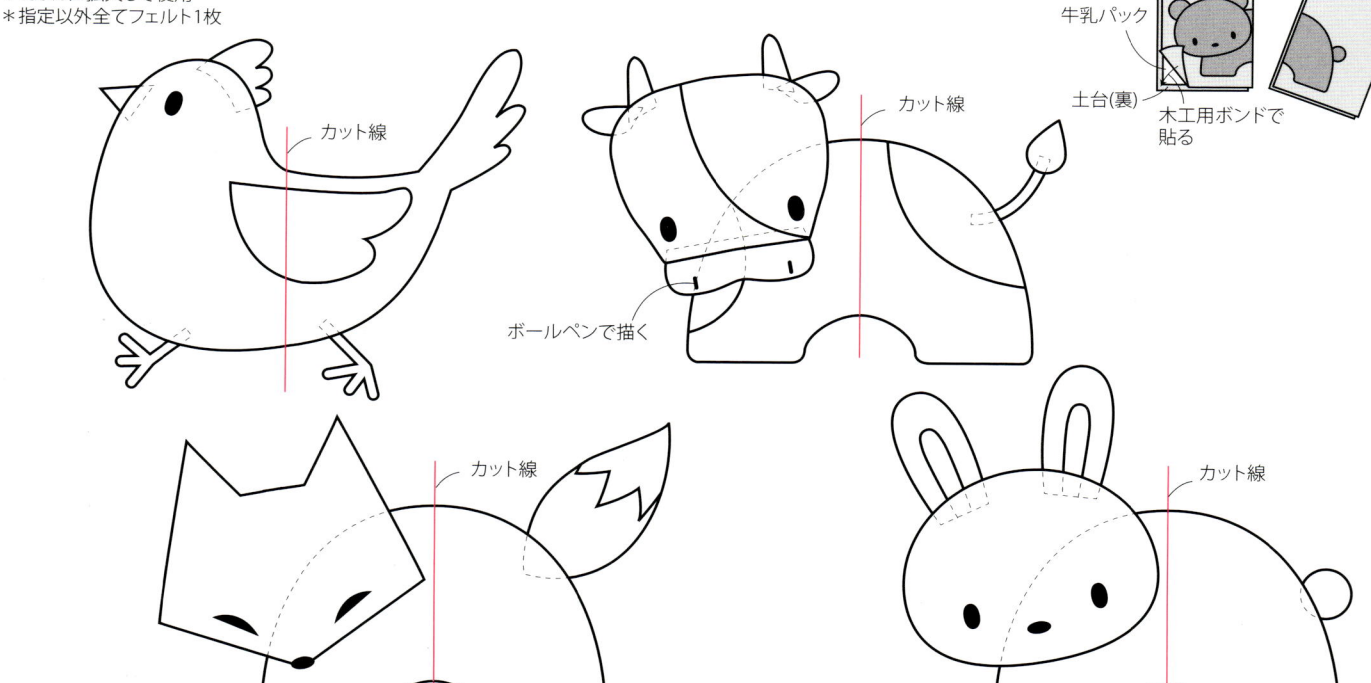

型紙
＊150％に拡大して使用
＊指定以外全てフェルト1枚

カット線 (×6)
ボールペンで描く

P.10	色と形の遊び
	牛乳パック4つの絵合わせ

型紙

＊150％に拡大して使用
＊全てフェルト1枚

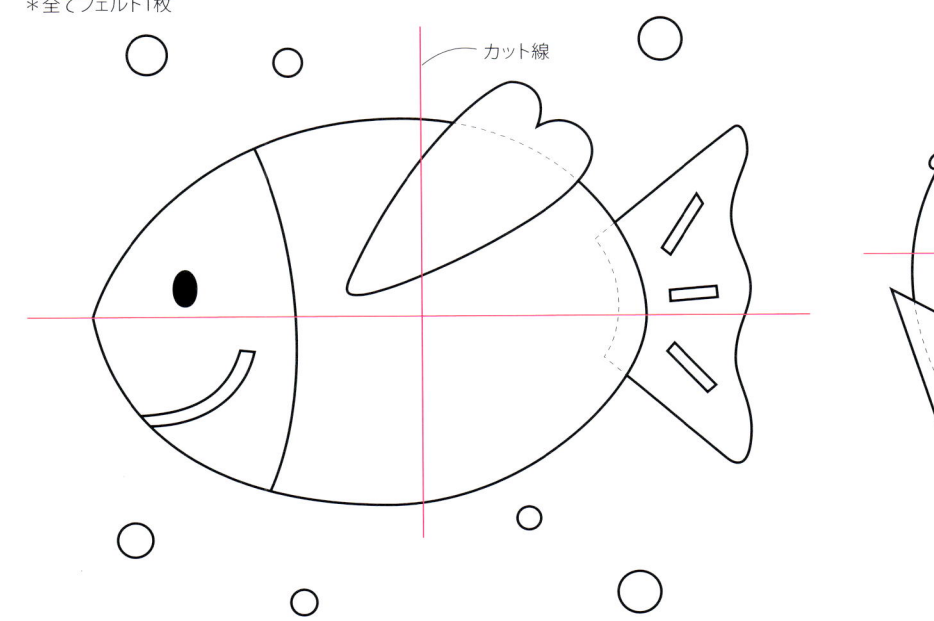

カット線

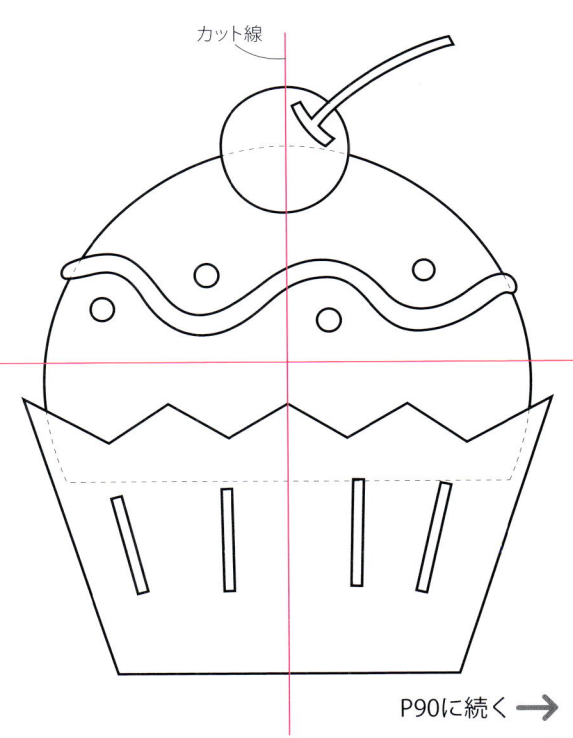

P90に続く →

89

P.10 色と形の遊び
牛乳パック4つの絵合わせ

型紙
* 150%に拡大して使用
* 全てフェルト1枚

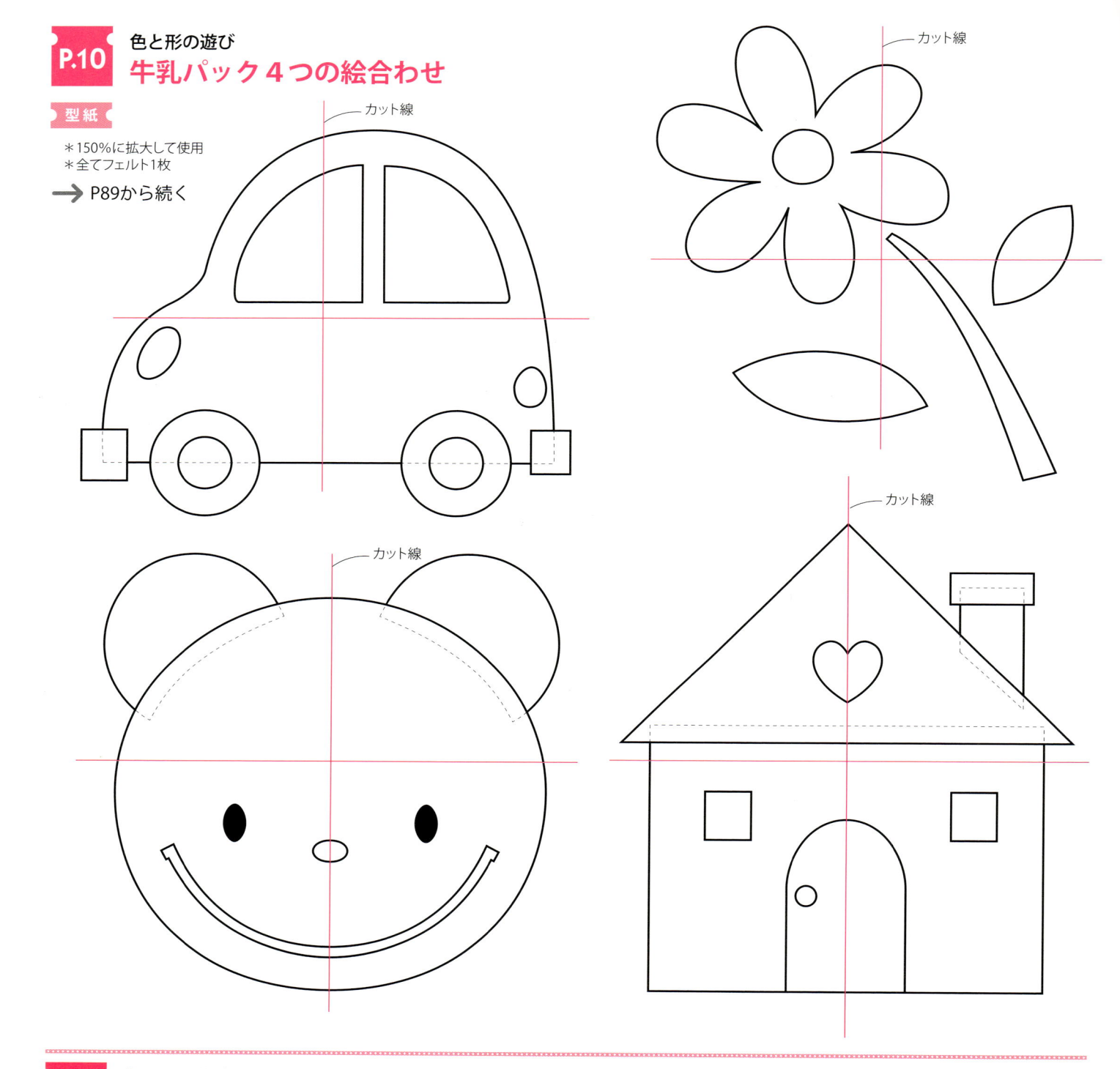

→ P89から続く

カット線

P.13 色と形の遊び
形でお絵描き

材料
フェルト 適量

作り方
フェルト2枚を木工用ボンドで貼り合わせ、形に切ります。

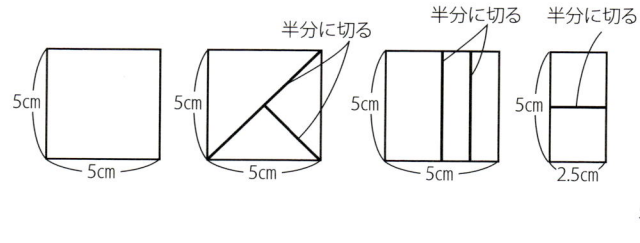

半分に切る

5cm / 5cm / 2.5cm

P.12 色と形の遊び
牛乳パック2つの絵合わせ

材料
牛乳パック(1ℓ) 2本
フェルト 適量

作り方
フェルトの土台を作り2つに切って、牛乳パックで作ったキューブに貼ります。
＊11ページ〈牛乳パック4つの絵合わせ〉の作り方参照

型紙
＊150%に拡大して使用
＊全てフェルト1枚

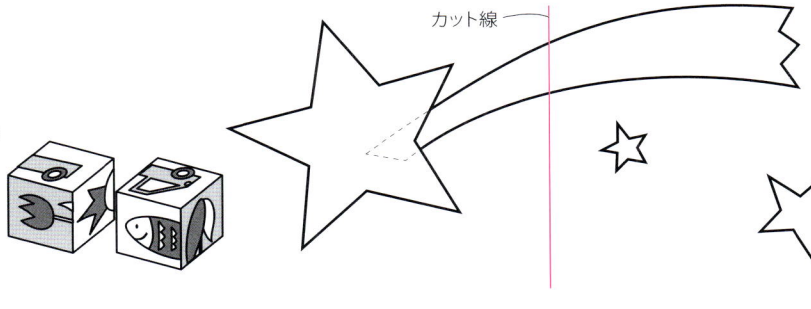

カット線

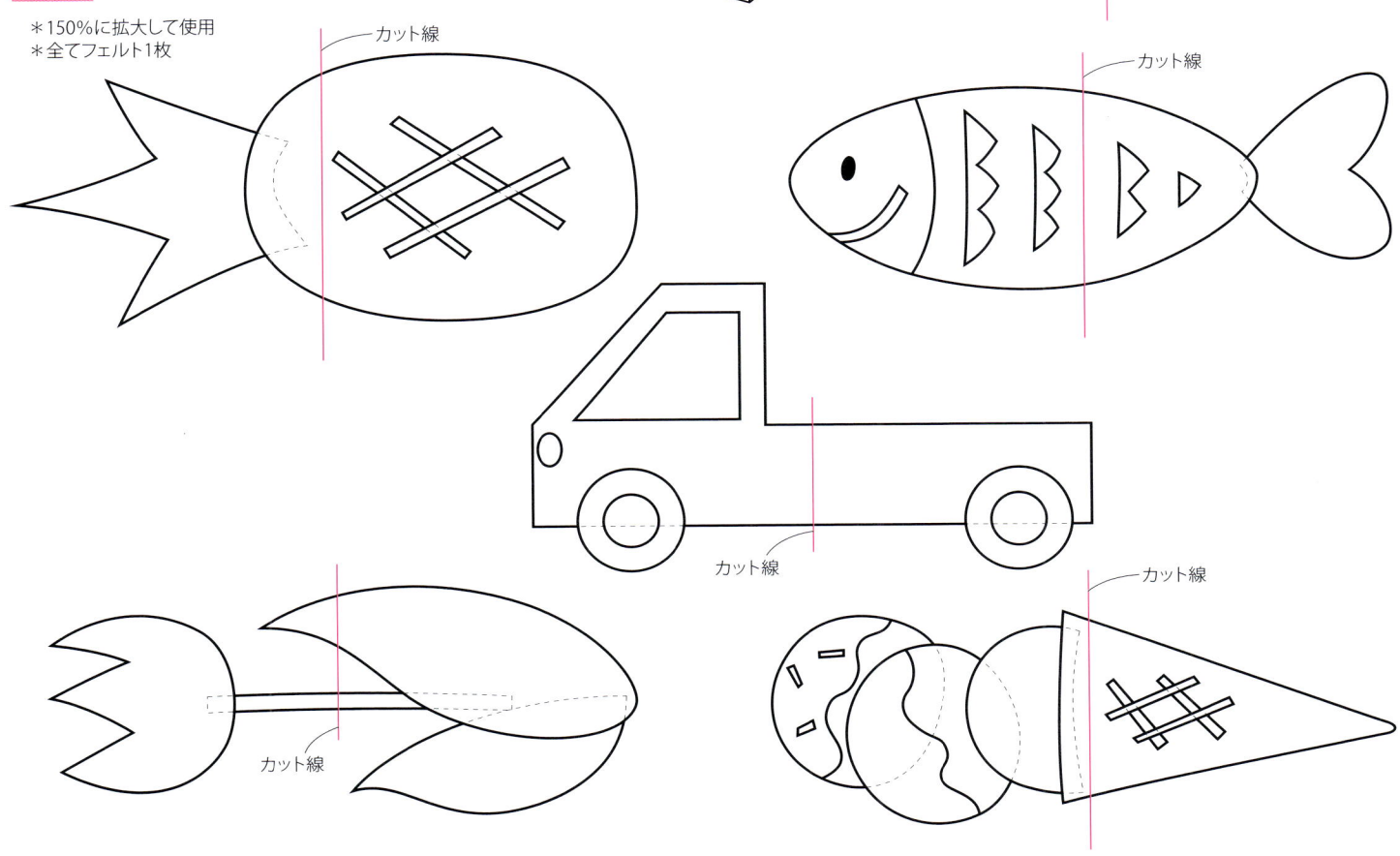

P.16 色と形の遊び
雑誌の切り抜きパズル

材料
段ボール 22cm×22cm
雑誌の切り抜き 22cm×22cm

作り方
雑誌の切り抜きを段ボールに貼り、パーツに切り分けます。

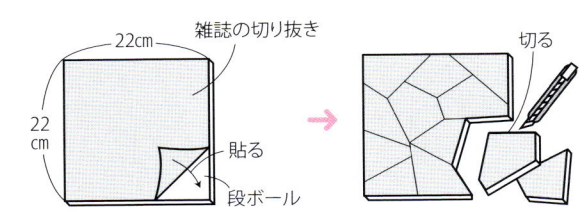

22cm / 雑誌の切り抜き / 貼る / 段ボール / 切る

P.17 色と形の遊び
色探し

材料
いちごパック 6個
布 適量
ビニールテープ 適量

作り方
いちごパック2個の間に布をはさんで重ね、縁にビニールテープを巻きます。

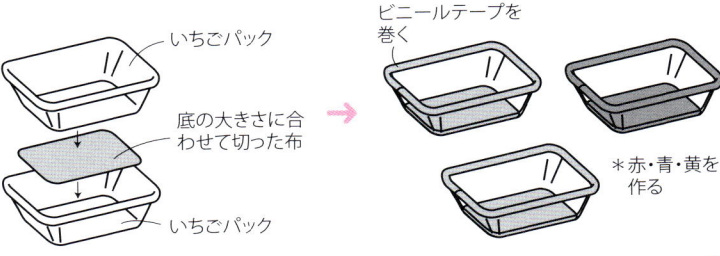

いちごパック / 底の大きさに合わせて切った布 / いちごパック / ビニールテープを巻く
＊赤・青・黄を作る

91

P.14 色と形の遊び
フェルトのはめ絵

材料
フェルト 適量
厚紙 20cm×20cm
リボン 適量

型紙
*150%に拡大して使用
*全てフェルト2枚

作り方
フェルトを切り抜いて枠を作ります。
切り抜いた形でパーツを作ります。

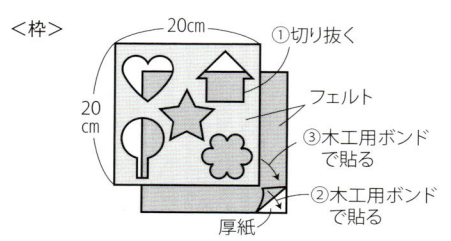

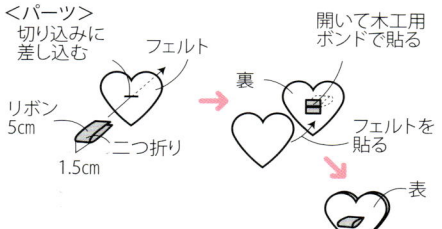

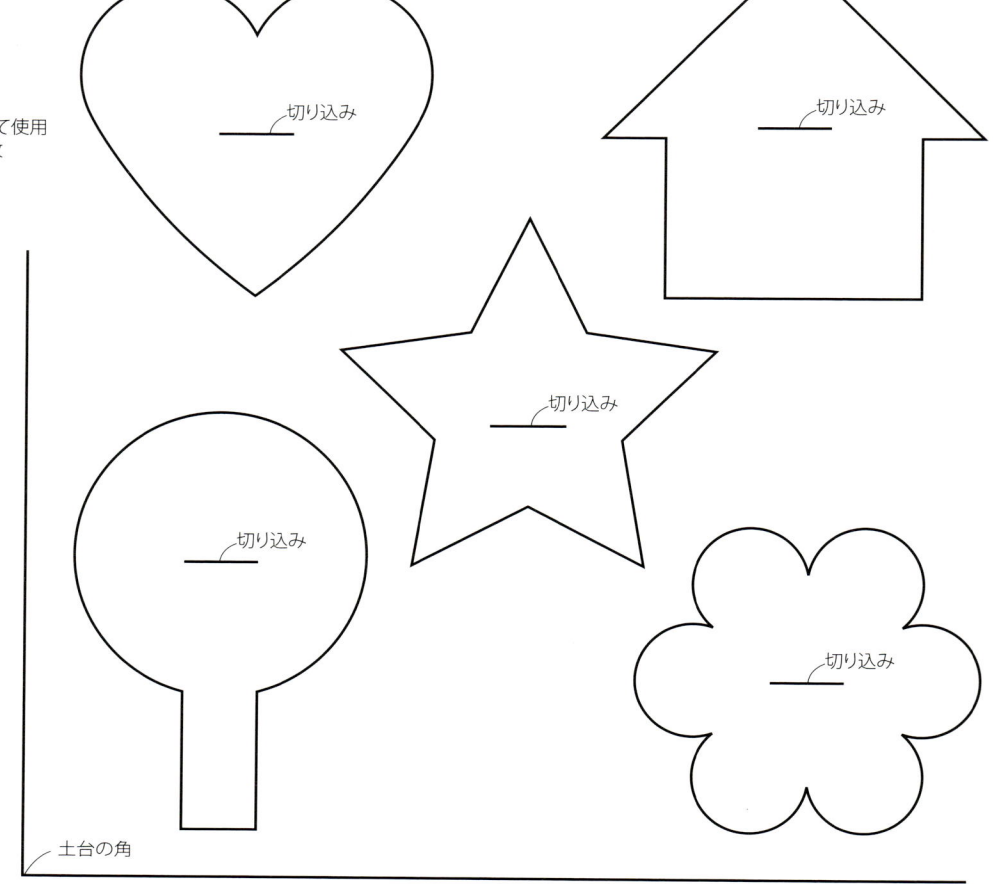

〈枠〉
① 切り抜く
② 木工用ボンドで貼る
③ 木工用ボンドで貼る
フェルト
厚紙

〈パーツ〉
切り込みに差し込む
リボン 5cm
1.5cm
二つ折り
開いて木工用ボンドで貼る
裏
フェルトを貼る
表

切り込み（ハート・家・星・円・花）
土台の角

P.18 手先の遊び
くまとうさぎのスナップつなぎ

材料
フェルト 適量
25番刺しゅう糸 適量
スナップボタン 10組

実物大型紙

うさぎ フェルト 2枚
耳の中 フェルト 1枚
サテンステッチ 2本
バックステッチ 3本

くま フェルト 2枚
耳の中 フェルト 1枚
サテンステッチ 2本
バックステッチ 3本
★…頭切り替え位置

作り方
くまの前と後ろを作り、手にスナップボタンをつけて、貼り合わせます。
うさぎも同様に作ります。

木工用ボンドで貼る
フェルト
刺しゅう
スナップボタン凹
くま（前）
縫いつける

くま（後ろ）
縫いつける
スナップボタン凸

木工用ボンドで貼り合わせる
くま（前）
くま（後ろ）

*各5体作る

P.15 色と形の遊び
スプレー形合わせ

材料
段ボール 適量

作り方
段ボールの土台にパーツをのせてスプレーし、パーツの形を写します。

型紙

＊200％に拡大して使用　＊全て段ボール1枚

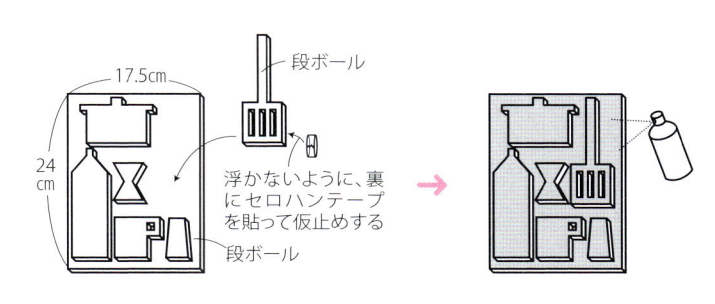

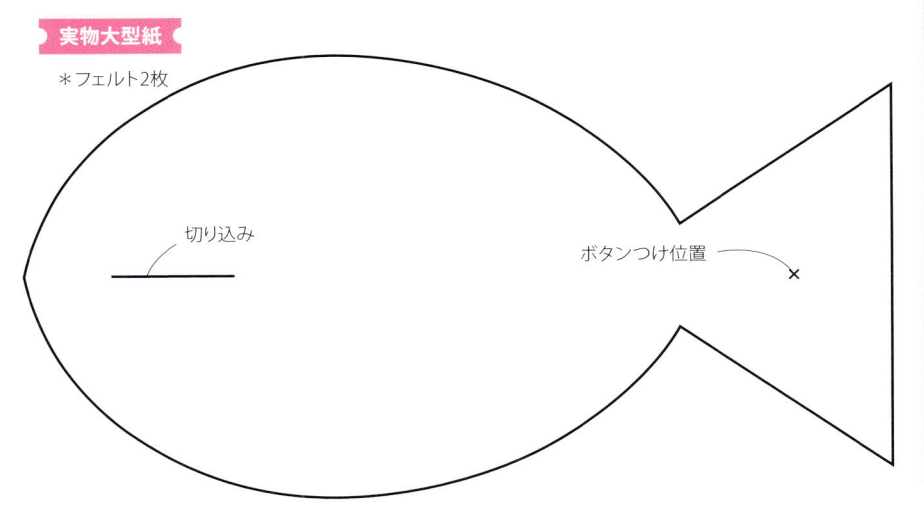

P.20 手先の遊び
魚のボタンつなぎ

実物大型紙

＊フェルト2枚

P.22 手先の遊び
ボトルキャップのひも通し

材料
ペットボトルのふた 30個
丸ひも 1m

作り方
ペットボトルのふたに穴をあけ、丸ひもを通します。

丸ひもの端にセロハンテープを巻いて固くし、穴に通しやすくします。

P.19 手先の遊び
汽車のマジックテープつなぎ

材料
フェルト 適量
マジックテープ 適量
25番刺しゅう糸 適量

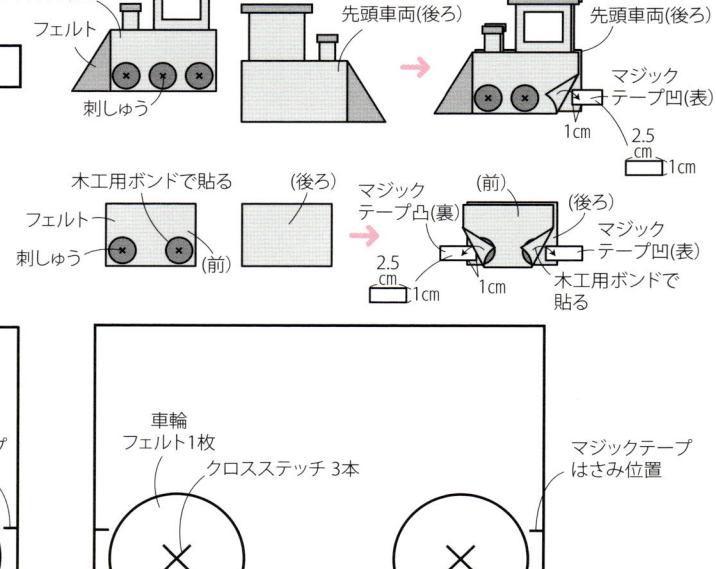

実物大型紙
＊指定以外全てフェルト2枚

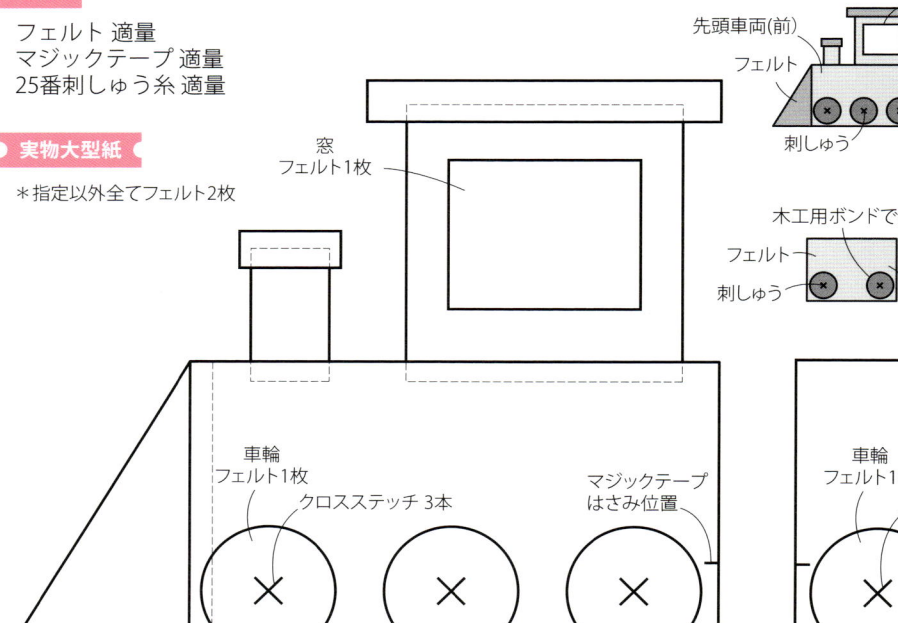

作り方
先頭車両の前と後ろを作り、マジックテープをはさんで貼り合わせます。車両も同様に作ります。

P.23 手先の遊び
ライオンと木のひも通し

材料

<ライオン>
フェルト 適量
厚紙 20cm×20cm
丸ひも 1m30cm

<木>
フェルト 適量
厚紙 20cm×20cm
丸ひも 90cm

作り方

<ライオン>
ライオンを土台に貼り、穴をあけます。丸ひもの両端をセロハンテープで巻きます。

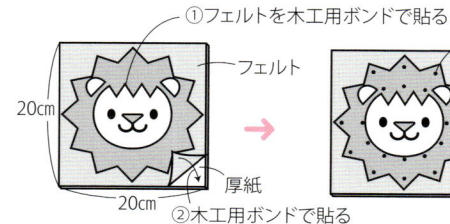

<木>
ライオンと同様に作ります。

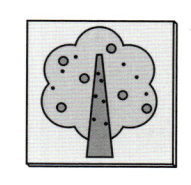

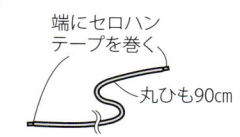

型紙
＊150%に拡大して使用
＊全てフェルト1枚

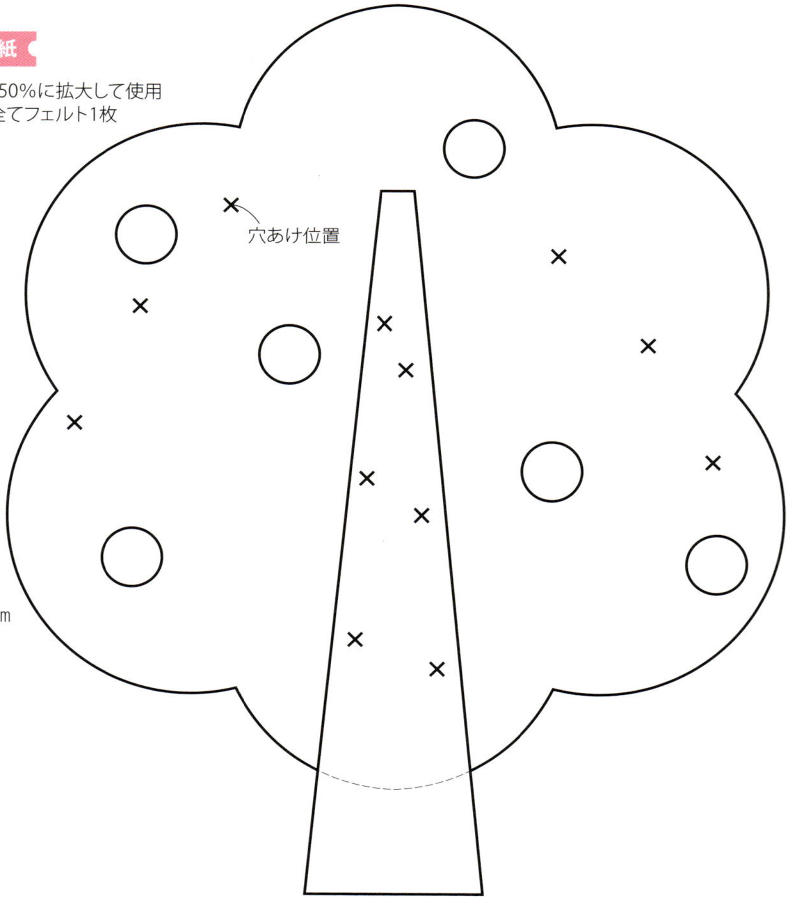

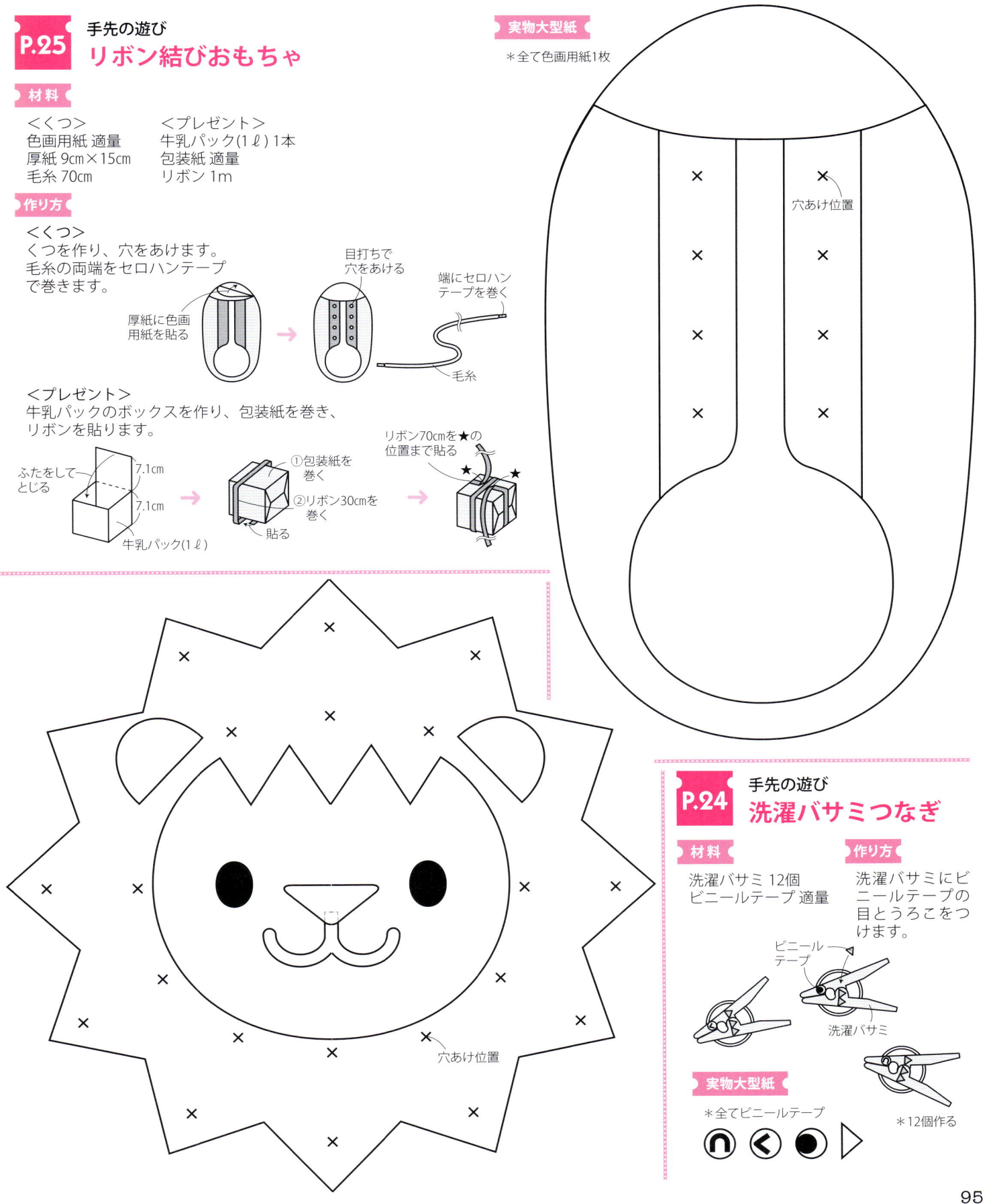

P.25 手先の遊び
リボン結びおもちゃ

材料

<くつ>
色画用紙 適量
厚紙 9cm×15cm
毛糸 70cm

<プレゼント>
牛乳パック(1ℓ) 1本
包装紙 適量
リボン 1m

作り方

<くつ>
くつを作り、穴をあけます。
毛糸の両端をセロハンテープ
で巻きます。

厚紙に色画用紙を貼る → 目打ちで穴をあける → 端にセロハンテープを巻く／毛糸

<プレゼント>
牛乳パックのボックスを作り、包装紙を巻き、
リボンを貼ります。

ふたをしてとじる／7.1cm／7.1cm／牛乳パック(1ℓ) → ①包装紙を巻く／②リボン30cmを巻く／貼る → リボン70cmを★の位置まで貼る

実物大型紙
＊全て色画用紙1枚

穴あけ位置

P.24 手先の遊び
洗濯バサミつなぎ

材料
洗濯バサミ 12個
ビニールテープ 適量

作り方
洗濯バサミにビニールテープの目とうろこをつけます。

ビニールテープ／洗濯バサミ

実物大型紙
＊全てビニールテープ　＊12個作る

穴あけ位置

P.27 小さい子(0・1・2歳)の遊び
ペットボトルのガラガラ

材料
- ペットボトル 7本
- ビーズ 適量
- クリップ 適量
- ボタン 適量
- 鈴 適量
- ぼんてん 適量
- ストロー 適量
- 水 適量
- ビニールテープ 適量

作り方
ペットボトルにビーズなどを入れ、ふたをします。ビニールテープの模様を貼ります。

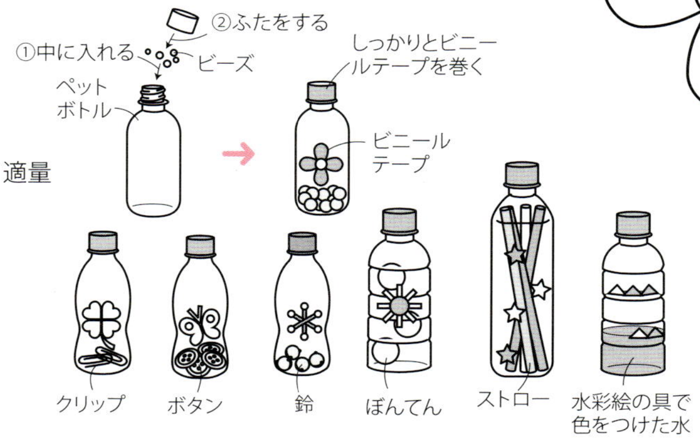

①中に入れる ②ふたをする
しっかりとビニールテープを巻く

クリップ / ボタン / 鈴 / ぼんてん / ストロー / 水彩絵の具で色をつけた水

実物大型紙
*全てビニールテープ

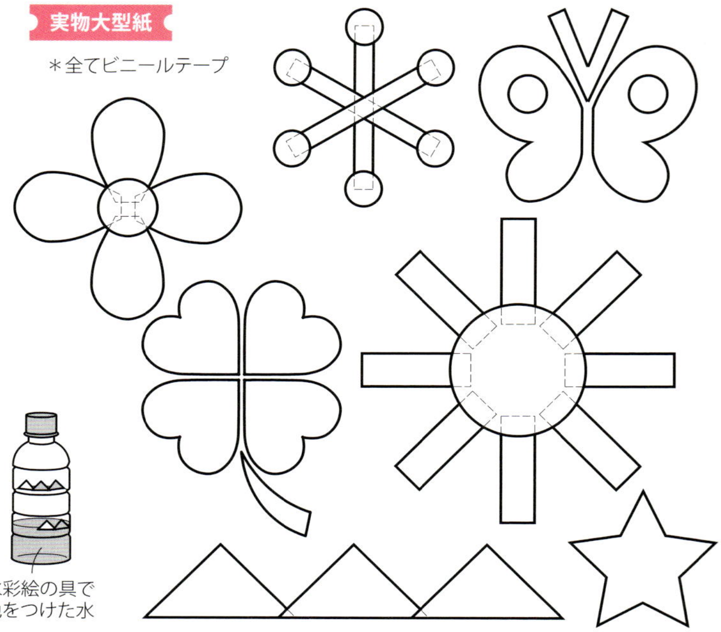

P.31 小さい子(0・1・2歳)の遊び
キラキラモビール

材料
- 色画用紙 適量
- ラインストーン 58個
- リボン 適量
- 糸 適量

作り方
色画用紙でパーツを作り、ラインストーン・リボンを貼ります。パーツを糸につなぎ、色画用紙を巻いて作った棒に吊るします。

のり 55cm 8cm 色画用紙 細い棒で巻く
25cm 18cm 12cm 切る

色画用紙・ラインストーンを貼る
穴をあけて糸を結ぶ
リボンを結んで貼る
ラインストーンを貼る
棒に結ぶ

型紙
*150%に拡大して使用
*指定以外は全て色画用紙

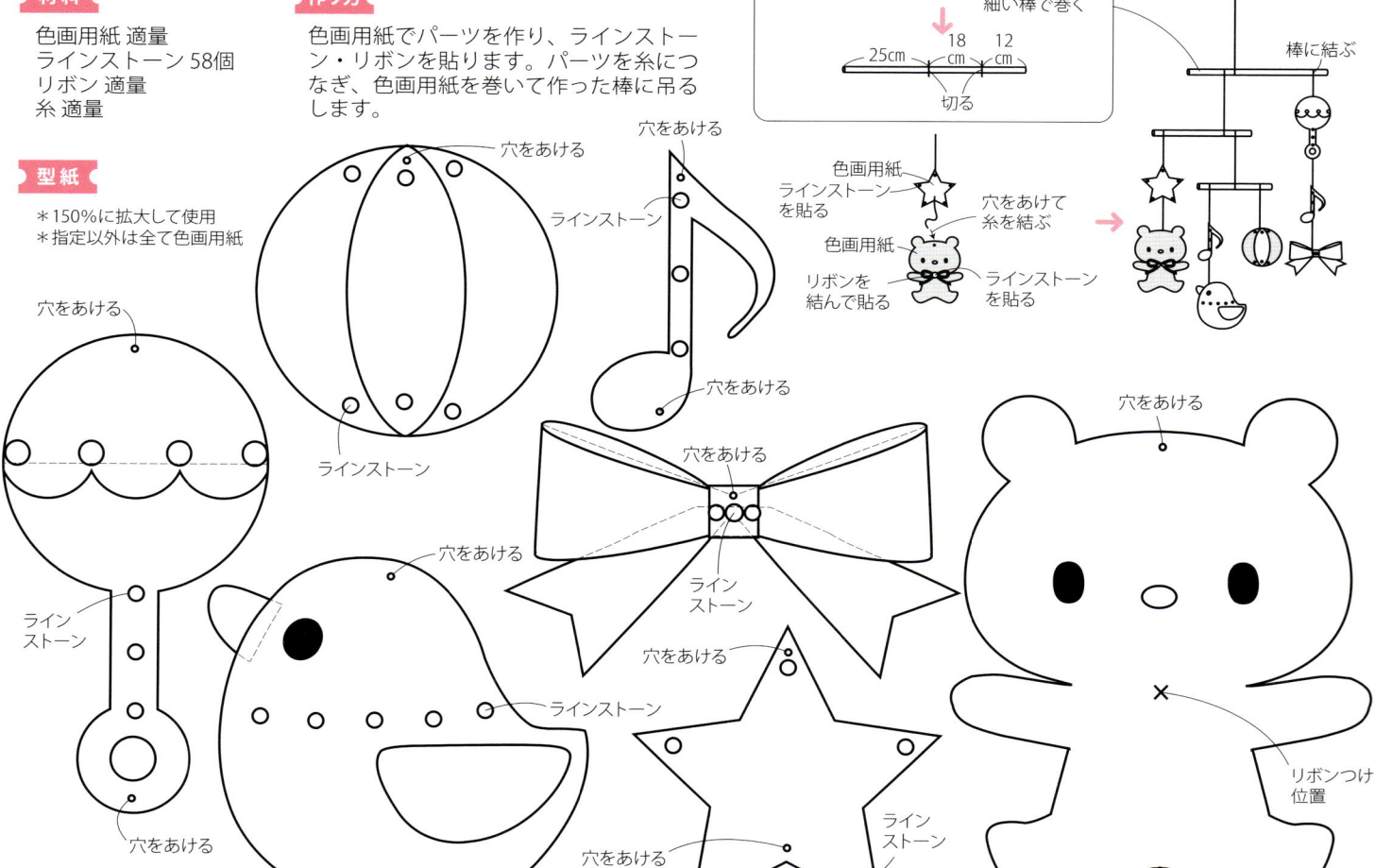

穴をあける / ラインストーン / リボンつけ位置

P.26 小さい子(0・1・2歳)の遊び
にぎにぎ

材料
- タオル地 適量
- 手芸綿 適量
- 25番刺しゅう糸 適量
- リボン 適量

作り方
1. 縫い代をつけて頭とボディを切り、刺しゅうをします。
2. 頭とボディを縫い合わせます。
3. 本体2枚を、返し口を残して、まわりを縫います。
4. 表に返し、綿を入れ、とじ、リボンを結びます。

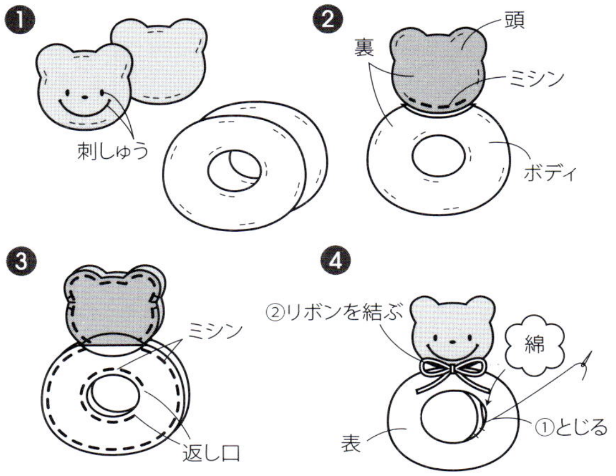

実物大型紙
※全てタオル地2枚
※縫い代0.7cmつけて裁つ

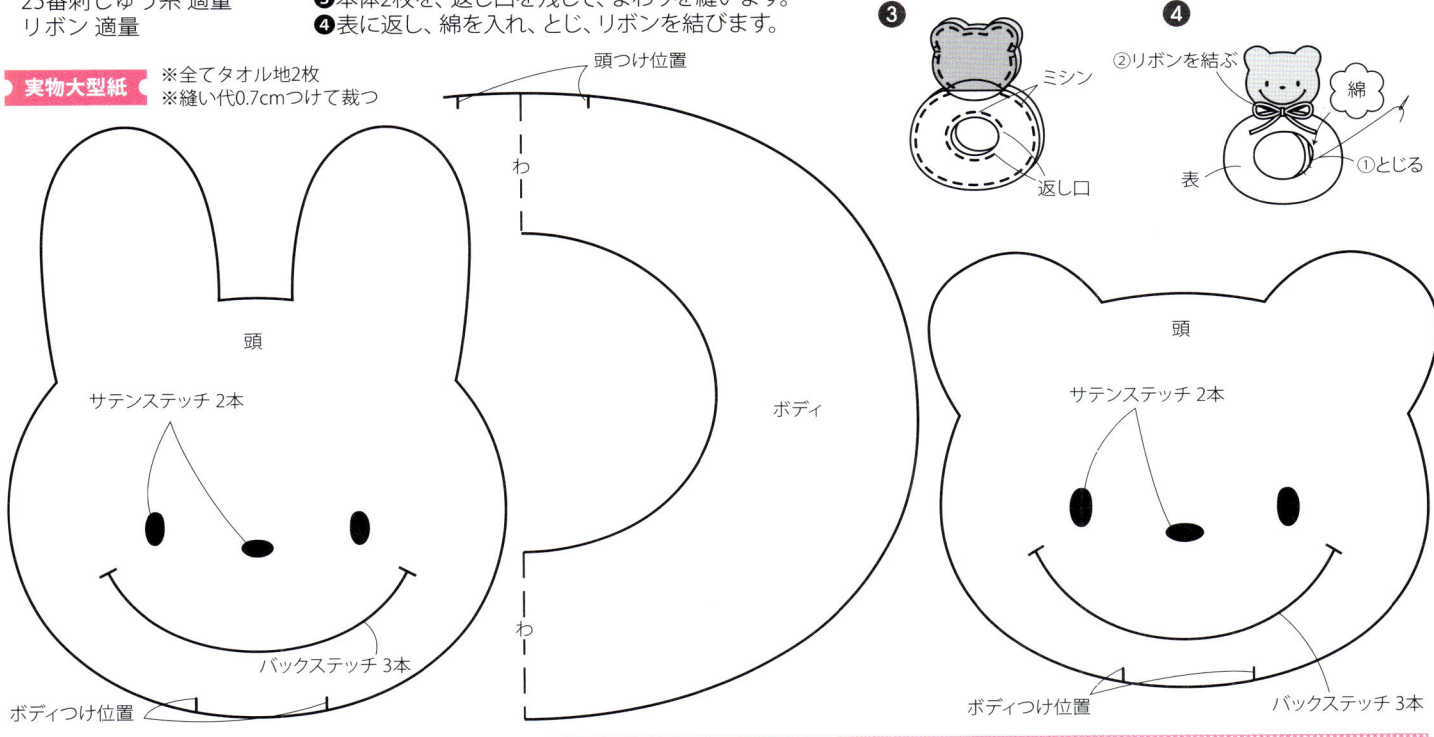

頭つけ位置
頭
わ
ボディ
わ
サテンステッチ 2本
バックステッチ 3本
ボディつけ位置

① 刺しゅう
② 頭 / 裏 / ミシン / ボディ
③ ミシン / 返し口
④ ②リボンを結ぶ / 綿 / 表 / ①とじる

P.32 小さい子(0・1・2歳)の遊び
形落とし

材料
- プラスチックケース 1個
- ペットボトルのふた 適量
- スチレン皿 適量
- ビニールテープ 適量

作り方
ペットボトルのふたのパーツと、スチレン皿のパーツを作ります。プラスチックケースのふたにパーツを入れる穴をあけます。

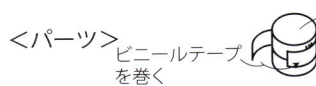

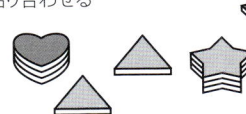

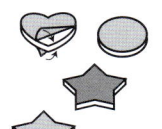

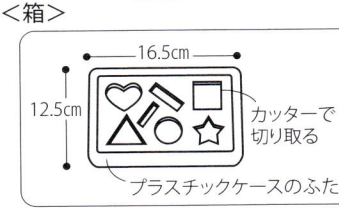

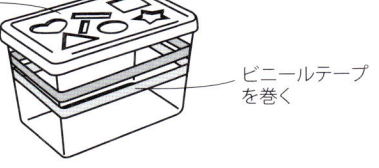

<パーツ>
- ビニールテープを巻く
- ペットボトルのふたを2個合わせる
- ①スチレン皿を切り、プラスチック用ボンドで貼り合わせる
- ②ビニールテープを貼る

実物大型紙
穴 / パーツ

<箱>
16.5cm × 12.5cm
カッターで切り取る
プラスチックケースのふた
ビニールテープを巻く

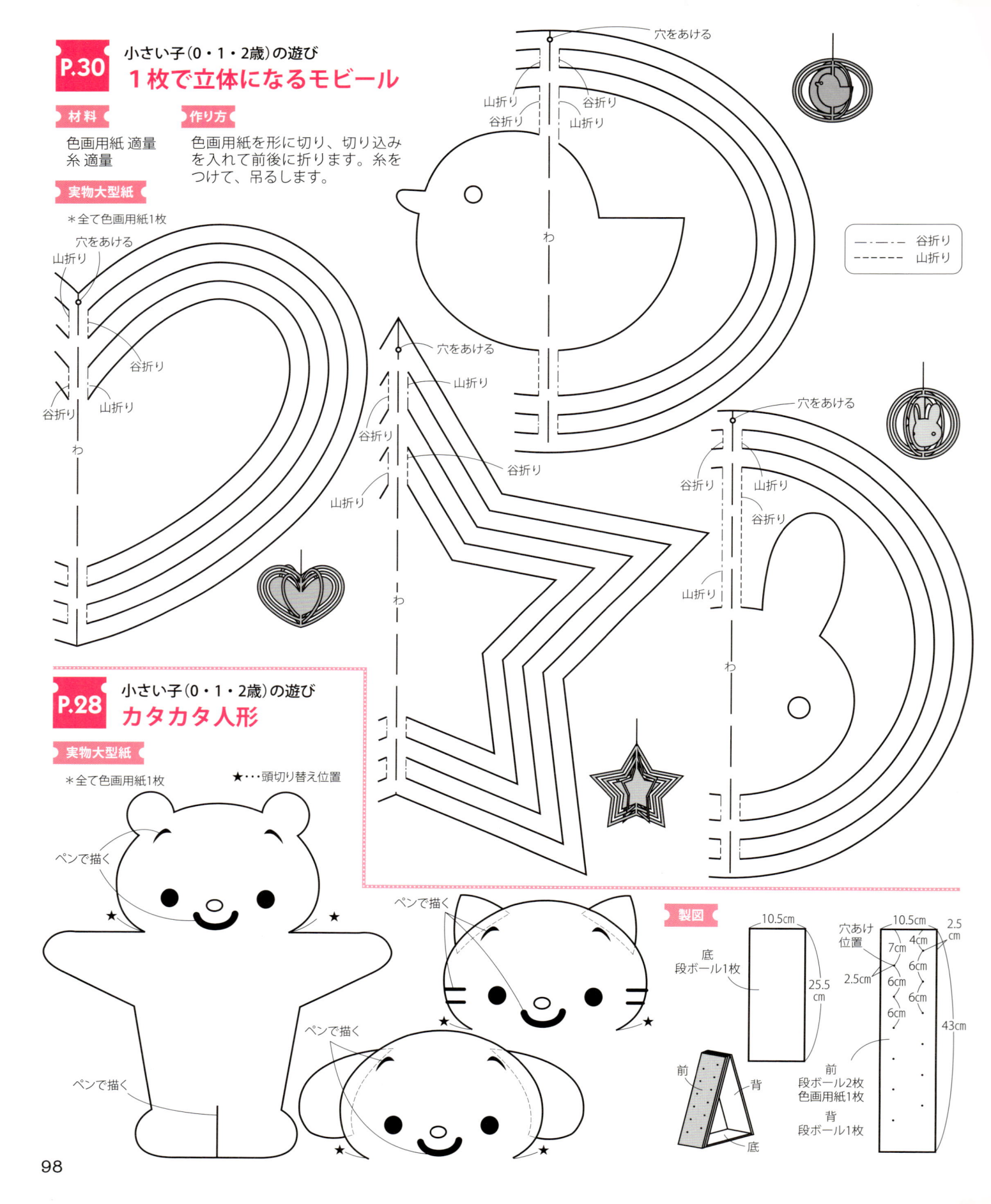

P.30 小さい子（0・1・2歳）の遊び
1枚で立体になるモビール

材料
色画用紙 適量
糸 適量

作り方
色画用紙を形に切り、切り込みを入れて前後に折ります。糸をつけて、吊るします。

実物大型紙
＊全て色画用紙1枚

穴をあける
山折り
谷折り
わ

― ・ ― ・ ― 谷折り
― ― ― ― 山折り

P.28 小さい子（0・1・2歳）の遊び
カタカタ人形

実物大型紙
＊全て色画用紙1枚

★…頭切り替え位置

ペンで描く

製図

10.5cm
底 段ボール1枚
25.5cm

前
背
底

10.5cm
穴あけ位置
2.5cm
7cm
4cm
2.5cm
6cm
6cm
6cm
6cm
43cm

前 段ボール2枚 色画用紙1枚
背 段ボール1枚

98

P.33 小さい子（0・1・2歳）の遊び
ビーズコースター

材料
段ボール 30cm×63cm
色画用紙 30cm×21cm
自在ワイヤー 適量
ループエンド 6個
布テープ 適量

作り方
土台を作り、形作ったワイヤーを差し込みます。土台の縁に布テープを貼ります。

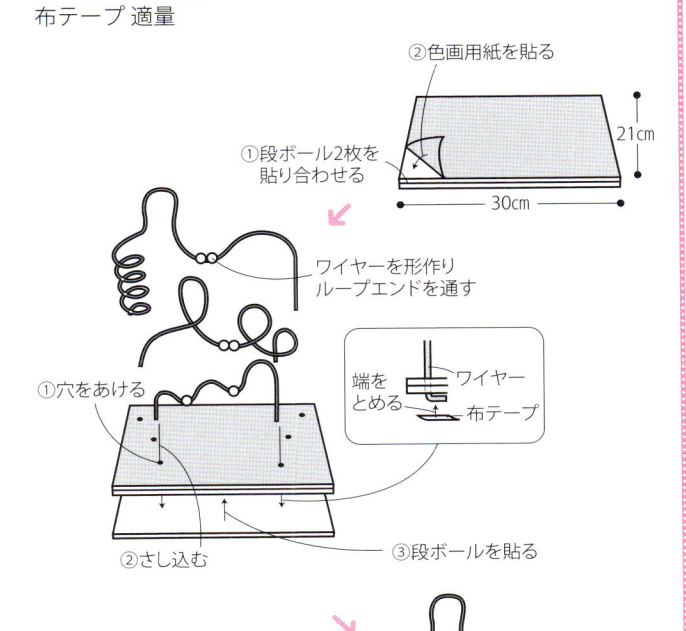

②色画用紙を貼る
①段ボール2枚を貼り合わせる
21cm
30cm

ワイヤーを形作りループエンドを通す

端をとめる
ワイヤー
布テープ

①穴をあける
②さし込む
③段ボールを貼る

布テープを巻く

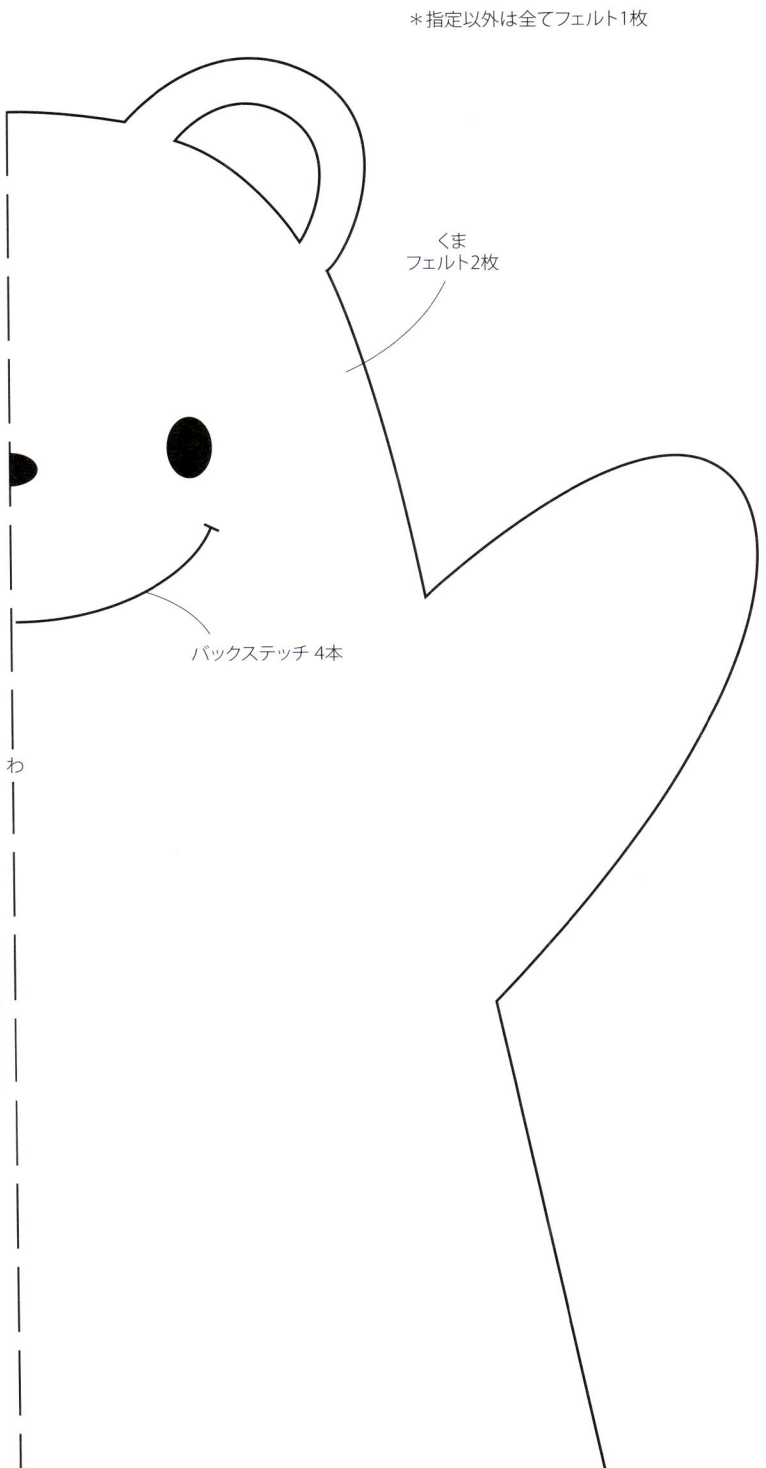

P.34 お人形遊び
パペット

材料
フェルト 適量
25番刺しゅう糸 適量

作り方
くまの前と後ろを作り、縫い合わせます。

たてまつり
くま（後ろ）
刺しゅう
くま（前）
巻きかがり

実物大型紙
＊指定以外は全てフェルト1枚

くま
フェルト2枚

バックステッチ 4本

わ

99

P.38 お人形遊び　フィンガーパペット

材料
- フェルト 適量
- 25番刺しゅう糸 適量

作り方
動物の顔を作り、ボディを作って貼ります。

1. 木工用ボンドをつける（ボディ）
2. 貼る
3. 耳をはさんで貼り合わせる／刺しゅう／木工用ボンドで貼る
4. 折る／木工用ボンドで貼る

実物大型紙
※指定以外は全てフェルト2枚

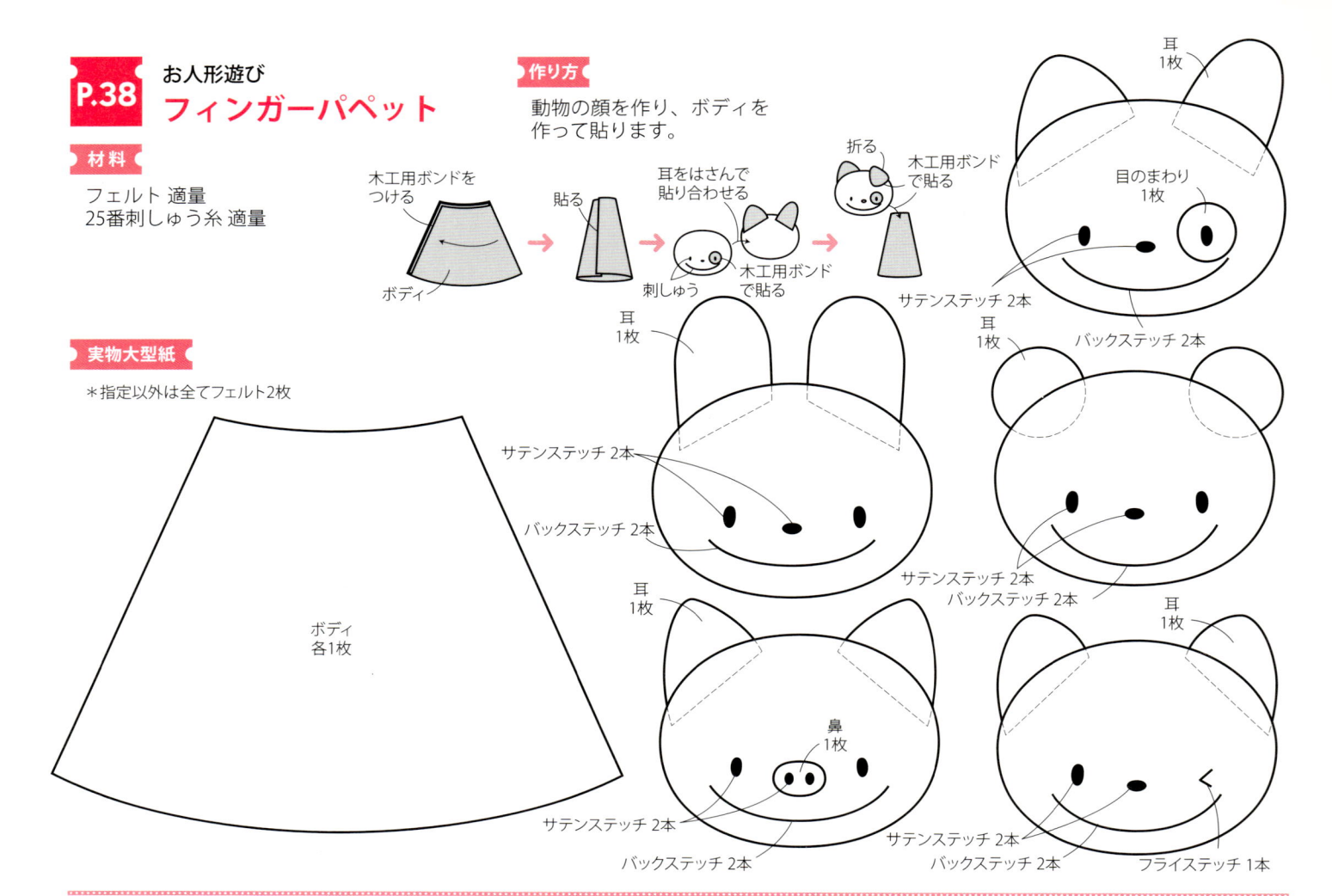

ボディ 各1枚

- ねこ：耳1枚、目のまわり1枚、サテンステッチ2本、バックステッチ2本
- うさぎ：耳1枚、サテンステッチ2本、バックステッチ2本
- くま：耳1枚、サテンステッチ2本、バックステッチ2本
- ぶた：耳1枚、鼻1枚、サテンステッチ2本、バックステッチ2本
- いぬ：耳1枚、サテンステッチ2本、バックステッチ2本、フライステッチ1本

P.39 お人形遊び　スポンジパペット

材料

<うさぎ>
- スポンジ 適量
- ボタン 3個

<カエル>
- スポンジ 適量
- フェルト 適量
- ボタン 2個

<カバ>
- スポンジ 適量
- フェルト 適量
- ボタン 2個

作り方
スポンジを半分に折って、顔にします。
目・鼻・耳のパーツを作って貼ります。

顔の作り方
- スポンジ
- カッターで切り込みを入れる（0.5cm残す）
- ①フェルトをプラスチック用ボンドで貼る
- ②折る
- カッターで指を入れる切り込みを入れる

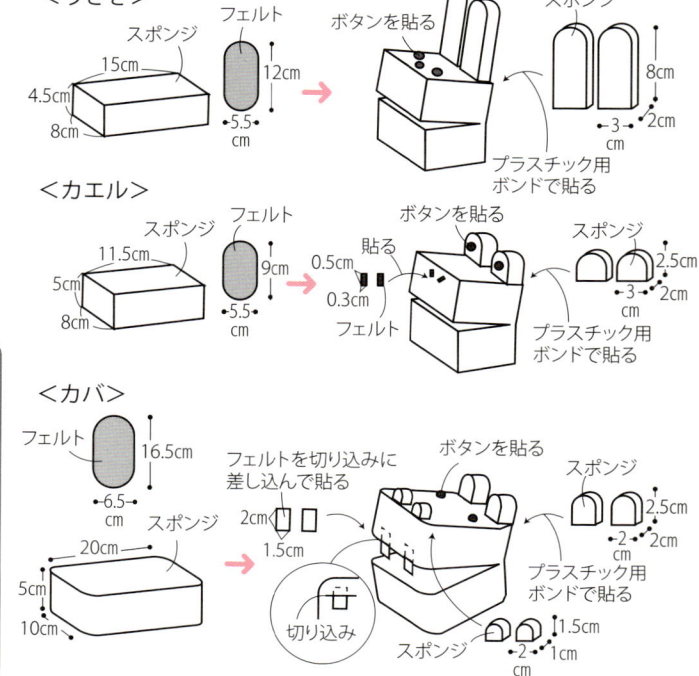

<うさぎ>
- スポンジ 15cm × 8cm × 4.5cm
- フェルト 12cm × 5.5cm
- ボタンを貼る
- スポンジ 8cm、3cm、2cm
- プラスチック用ボンドで貼る

<カエル>
- スポンジ 11.5cm × 8cm × 5cm
- フェルト 9cm × 5.5cm
- 0.5cm、0.3cm
- 貼る／フェルト／ボタンを貼る
- スポンジ 2.5cm、3cm、2cm
- プラスチック用ボンドで貼る

<カバ>
- フェルト 16.5cm × 6.5cm
- スポンジ 20cm × 10cm × 5cm
- 2cm × 1.5cm
- フェルトを切り込みに差し込んで貼る
- ボタンを貼る
- 切り込み
- スポンジ 2.5cm、2cm、2cm、1.5cm、1cm
- プラスチック用ボンドで貼る

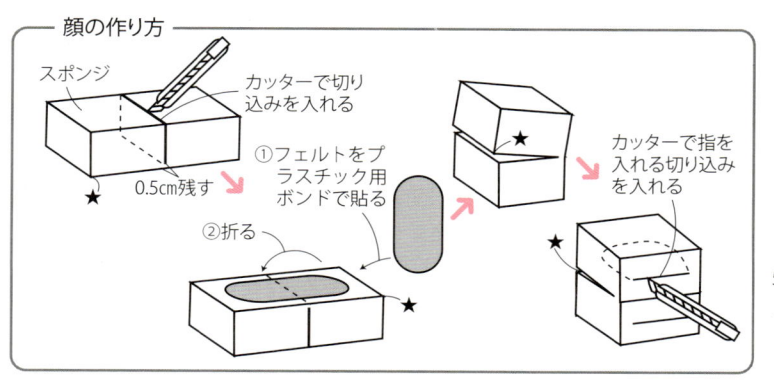

P.40 男の子のおもちゃ
サッカーボール

材料
フェルト 適量
手芸綿 適量

作り方
1. 五角形を中心に六角形を各色配置してつなぎます。
2. 1枚を残し、球になるように縫い合わせ、綿を入れます。
3. 1枚をふたにしてとじます。

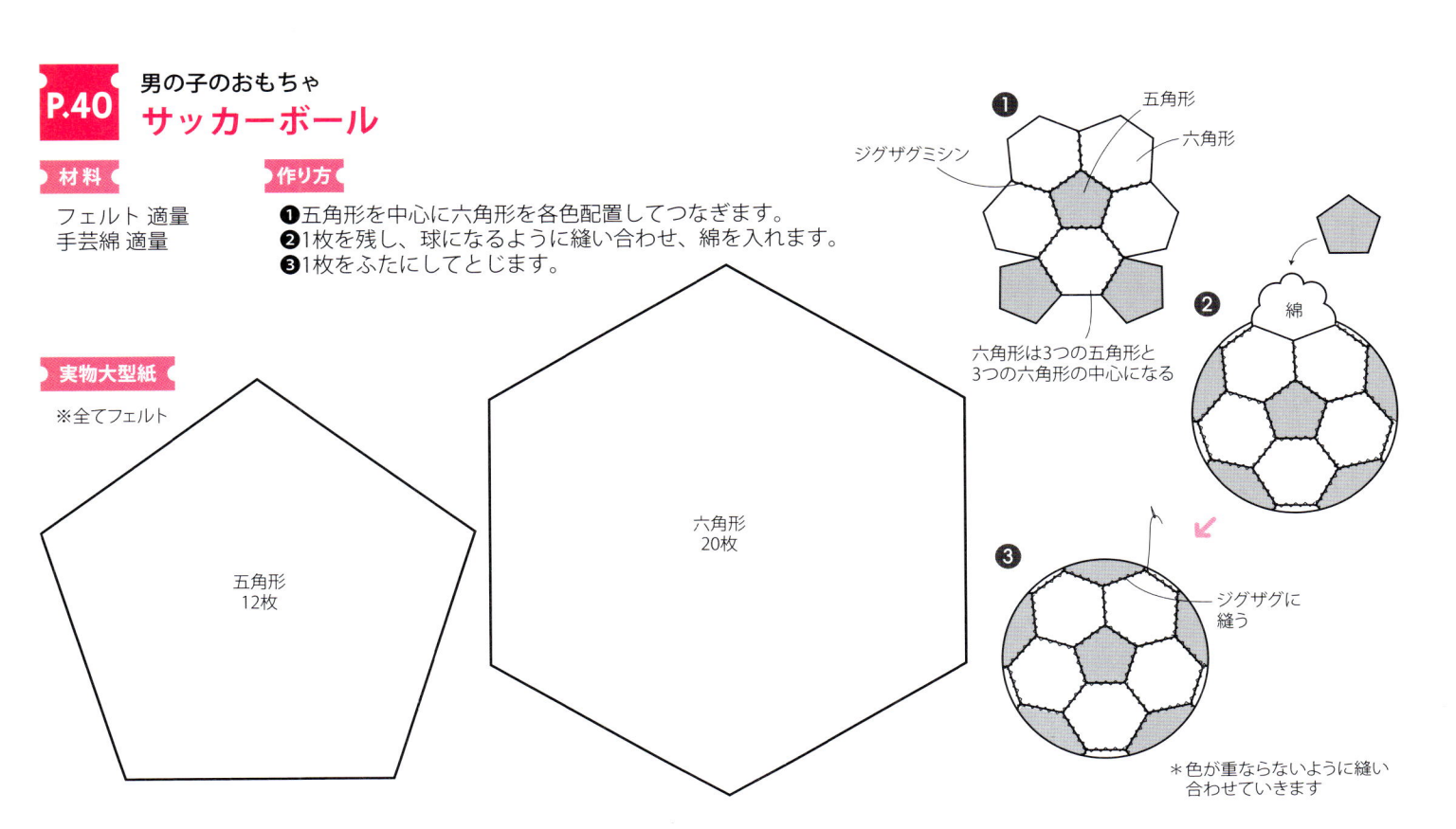

実物大型紙
※全てフェルト

五角形 12枚

六角形 20枚

① ジグザグミシン / 五角形 / 六角形
六角形は3つの五角形と3つの六角形の中心になる

② 綿

③ ジグザグに縫う

＊色が重ならないように縫い合わせていきます

P.41 男の子のおもちゃ
ボールいろいろ(タオルのボール)

材料
タオル地 適量
手芸綿 適量

作り方
1. 返し口を残して本体を縫い合わせます。
2. 綿を入れてとじます。

実物大型紙
※縫い代0.7cmつけて裁つ

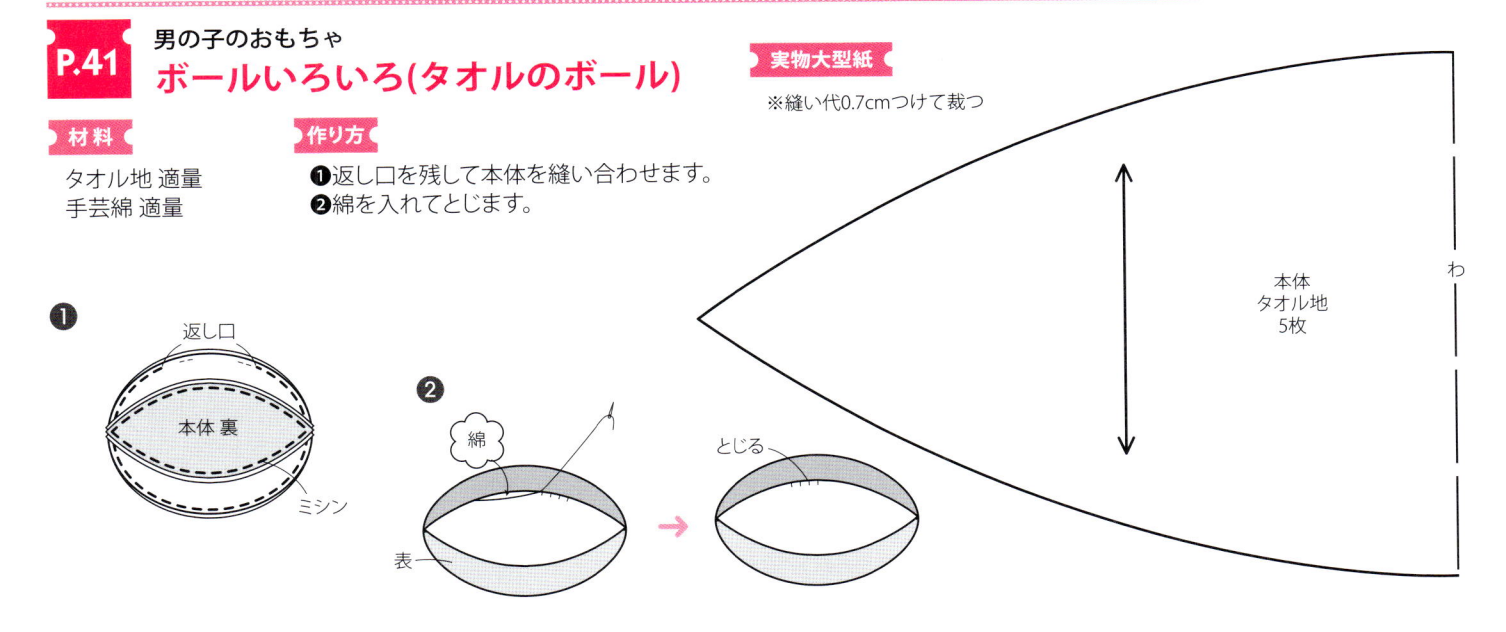

本体 タオル地 5枚 / わ

① 返し口 / 本体 裏 / ミシン

② 綿 / 表 → とじる

P.41 男の子のおもちゃ
ボールいろいろ(紙のボール)

材料
新聞紙 適量
ビニールテープ 適量

作り方
新聞紙を丸めて、ビニールテープを巻きます。

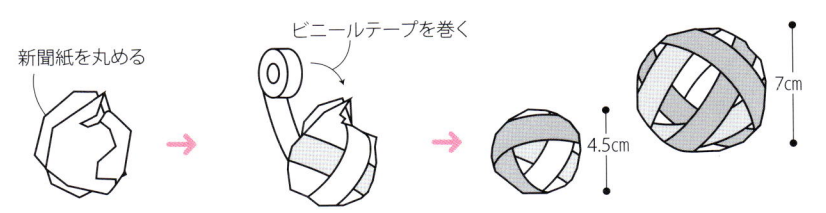

新聞紙を丸める → ビニールテープを巻く → 4.5cm / 7cm

P.46 男の子のおもちゃ
段ボールの車

材料
段ボール箱 (大)1個・(中)2個・(小)1個
段ボール適量
布テープ 適量
ラップの芯 1本

作り方
① 段ボール箱はふたをし、布テープでとじます。
② 本体を切って、窓と扉を作ります。
③ 運転台を作り、ハンドルをつけます。
④ 本体と車前と車後ろを組み合わせ、椅子を作り、つけます。
⑤ ライト・ナンバープレート・タイヤ・取っ手を作り、つけます。

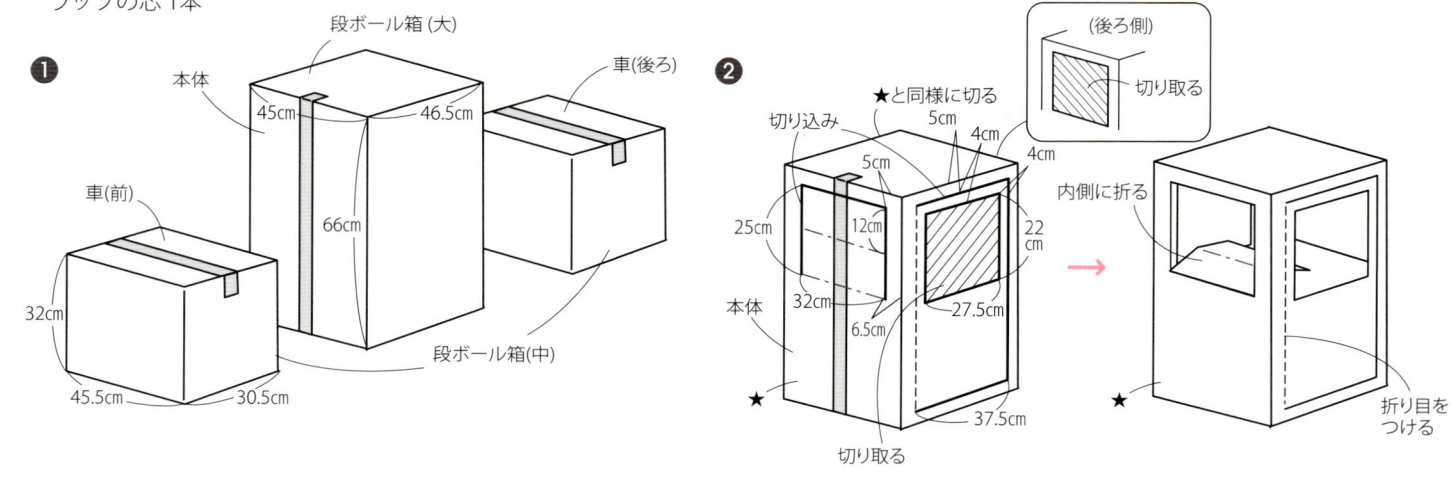

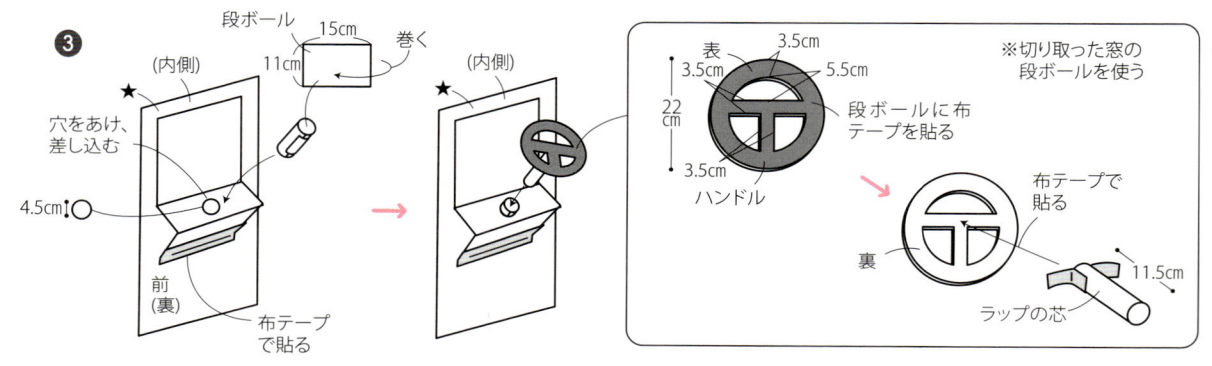

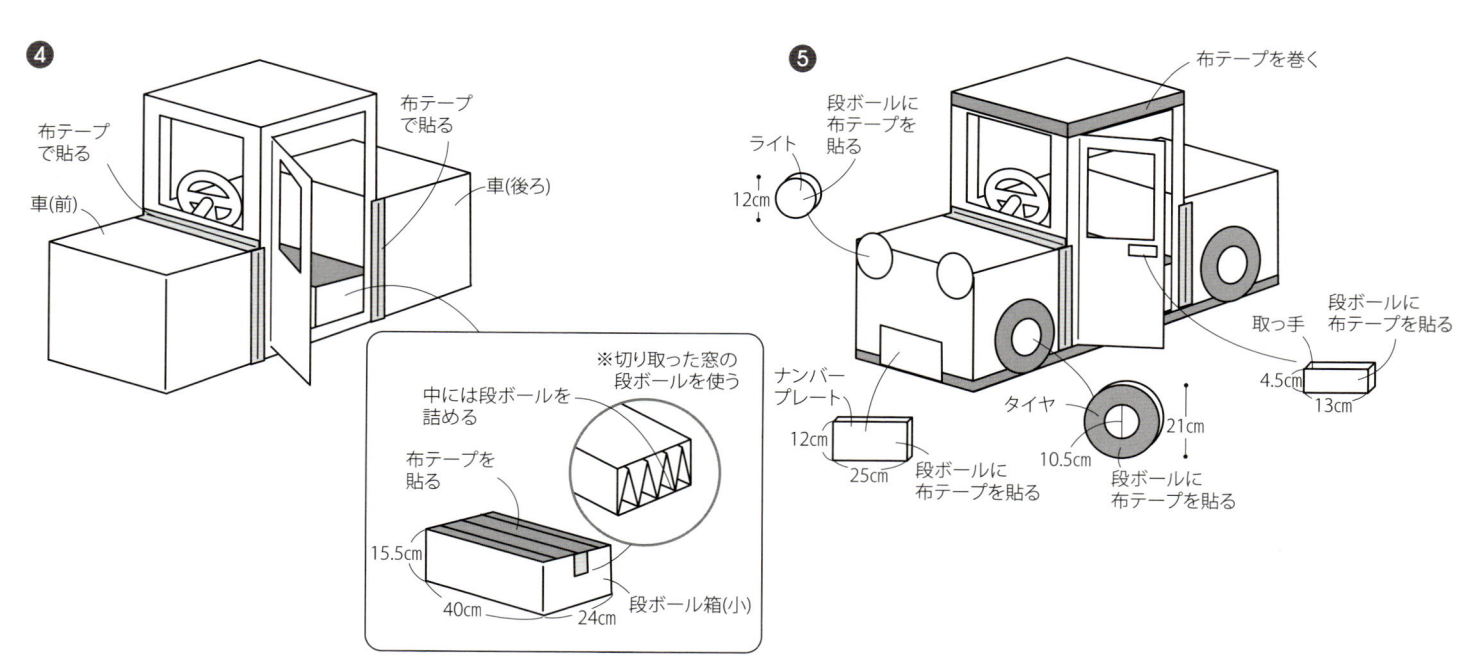

❶
- 本体 段ボール箱(大): 45cm × 46.5cm × 66cm
- 車(前): 32cm × 45.5cm × 30.5cm
- 車(後ろ) 段ボール箱(中)

❷
切り込み　★と同様に切る
5cm / 4cm / 5cm / 12cm / 25cm / 22cm
本体 32cm / 6.5cm / 27.5cm / 37.5cm
(後ろ側) 切り取る
切り取る → 内側に折る → 折り目をつける

❸
(内側) 段ボール 15cm × 11cm 巻く
穴をあけ、差し込む
4.5cm
前(裏) 布テープで貼る

ハンドル: 3.5cm / 3.5cm / 5.5cm / 22cm / 3.5cm
段ボールに布テープを貼る
※切り取った窓の段ボールを使う
表 / 裏 布テープで貼る
ラップの芯 11.5cm

❹
布テープで貼る
車(前) / 車(後ろ)
布テープで貼る

中には段ボールを詰める
布テープを貼る
15.5cm / 40cm / 24cm 段ボール箱(小)
※切り取った窓の段ボールを使う

❺
布テープを巻く
ライト 12cm 段ボールに布テープを貼る
ナンバープレート 12cm × 25cm 段ボールに布テープを貼る
タイヤ 10.5cm / 21cm 段ボールに布テープを貼る
取っ手 4.5cm × 13cm 段ボールに布テープを貼る

P.45 男の子のおもちゃ
線路と電車

材料
色画用紙 適量
厚紙 適量
空き箱 3個

作り方
線路は厚紙に色画用紙を貼ります。電車は空き箱に色画用紙を貼ります。

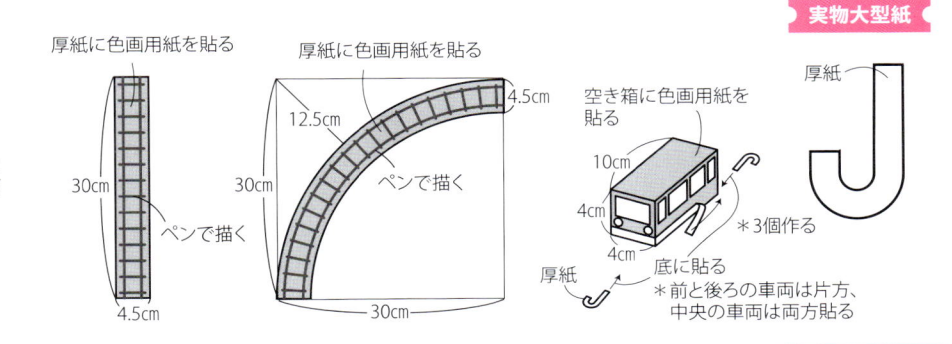

厚紙に色画用紙を貼る
30cm × 4.5cm ペンで描く

厚紙に色画用紙を貼る
30cm × 30cm、12.5cm、4.5cm ペンで描く

空き箱に色画用紙を貼る
10cm、4cm、4cm
*3個作る
底に貼る
*前と後ろの車両は片方、中央の車両は両方貼る

実物大型紙 厚紙 J

P.48 女の子のおもちゃ
段ボールキッチン(フライパン)

材料
フェルト 適量
厚紙 適量

作り方
1. 厚紙とフェルトを切ります。
2. 厚紙で本体を作ります。
3. 本体にフェルトを貼ります。
4. 持ち手を作ります。
5. 本体に持ち手をつけます。

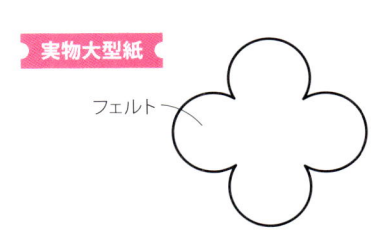

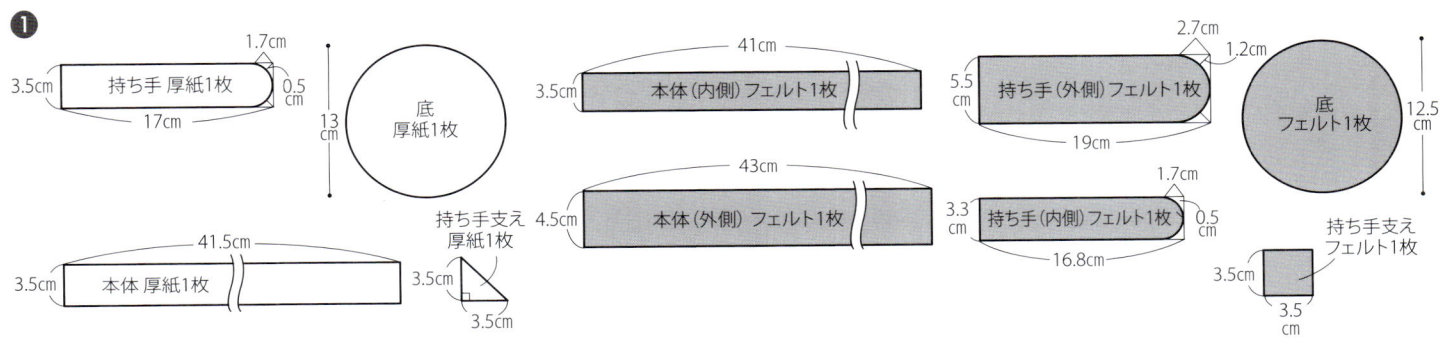

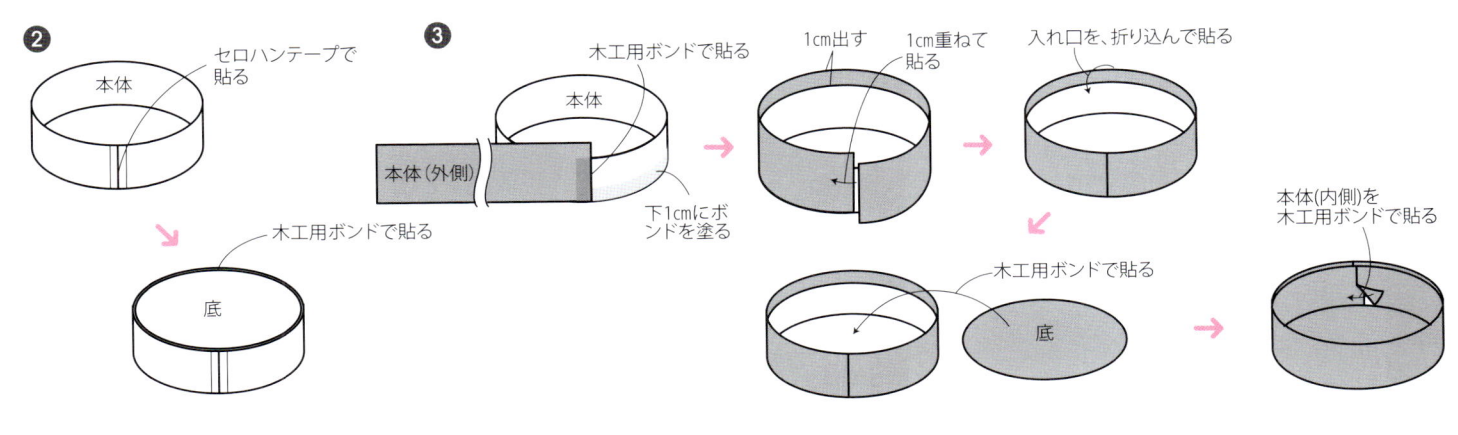

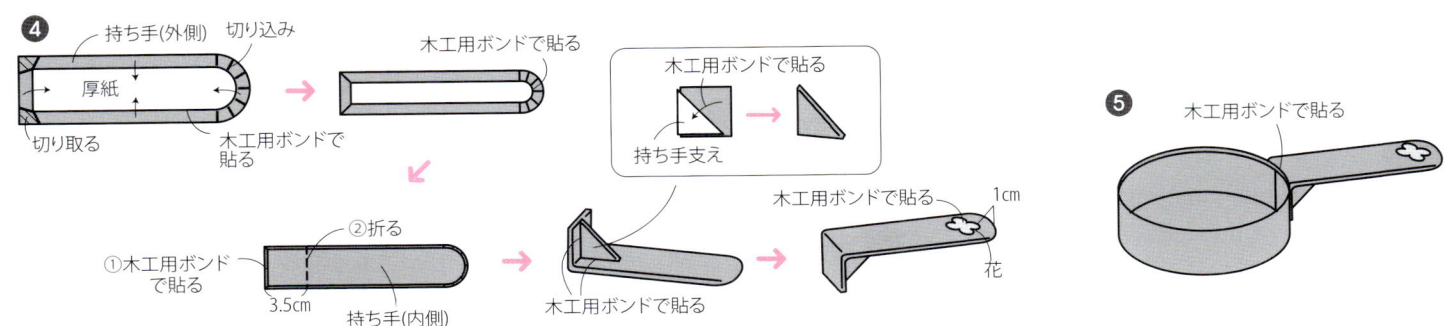

実物大型紙 フェルト

❶
- 持ち手 厚紙1枚：3.5cm × 17cm、1.7cm、0.5cm
- 底 厚紙1枚：13cm
- 本体(内側)フェルト1枚：3.5cm × 41cm
- 持ち手(外側)フェルト1枚：5.5cm × 19cm、2.7cm、1.2cm
- 底 フェルト1枚：12.5cm
- 本体 厚紙1枚：3.5cm × 41.5cm
- 持ち手支え 厚紙1枚：3.5cm × 3.5cm
- 本体(外側)フェルト1枚：4.5cm × 43cm
- 持ち手(内側)フェルト1枚：3.3cm × 16.8cm、1.7cm、0.5cm
- 持ち手支え フェルト1枚：3.5cm × 3.5cm

❷ 本体／セロハンテープで貼る → 底／木工用ボンドで貼る

❸ 本体(外側)を本体に木工用ボンドで貼る／下1cmにボンドを塗る → 1cm出す／1cm重ねて貼る → 入れ口を、折り込んで貼る → 底を木工用ボンドで貼る → 本体(内側)を木工用ボンドで貼る

❹ 持ち手(外側) 厚紙／切り込み／①木工用ボンドで貼る／切り取る／木工用ボンドで貼る → 木工用ボンドで貼る → ②折る／3.5cm／持ち手(内側) → 木工用ボンドで貼る／持ち手支え → 木工用ボンドで貼る／1cm／花

❺ 木工用ボンドで貼る

P.44 男の子のおもちゃ ロードマップ

材料
ビニールシート 1m×80cm
布テープ 適量
ビニールテープ 適量

作り方
ビニールシートに布テープを貼って道路を作ります。

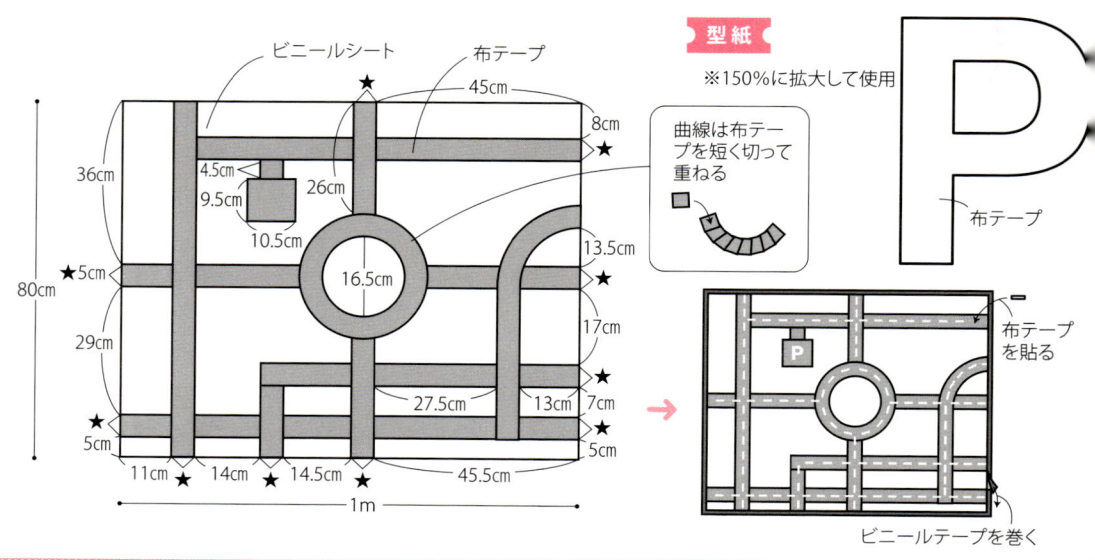

型紙 ※150%に拡大して使用

ビニールシート / 布テープ
45cm / 8cm
36cm / 4.5cm / 26cm
9.5cm / 10.5cm
曲線は布テープを短く切って重ねる
16.5cm
13.5cm
★5cm
29cm / 17cm
27.5cm / 13cm / 7cm
5cm / 5cm
11cm / 14cm / 14.5cm / 45.5cm
80cm / 1m

布テープを貼る
ビニールテープを巻く

P.48 女の子のおもちゃ 段ボールキッチン(お鍋)

材料
フェルト 適量
厚紙 適量

作り方
① 厚紙とフェルトを切ります。
② 厚紙で本体を作り、フェルトを貼ります。
③ 持ち手を作り、つけます。
④ ふたを作ります。

実物大型紙 ※フェルト(外側)のみのり代0.7cmつけて裁つ

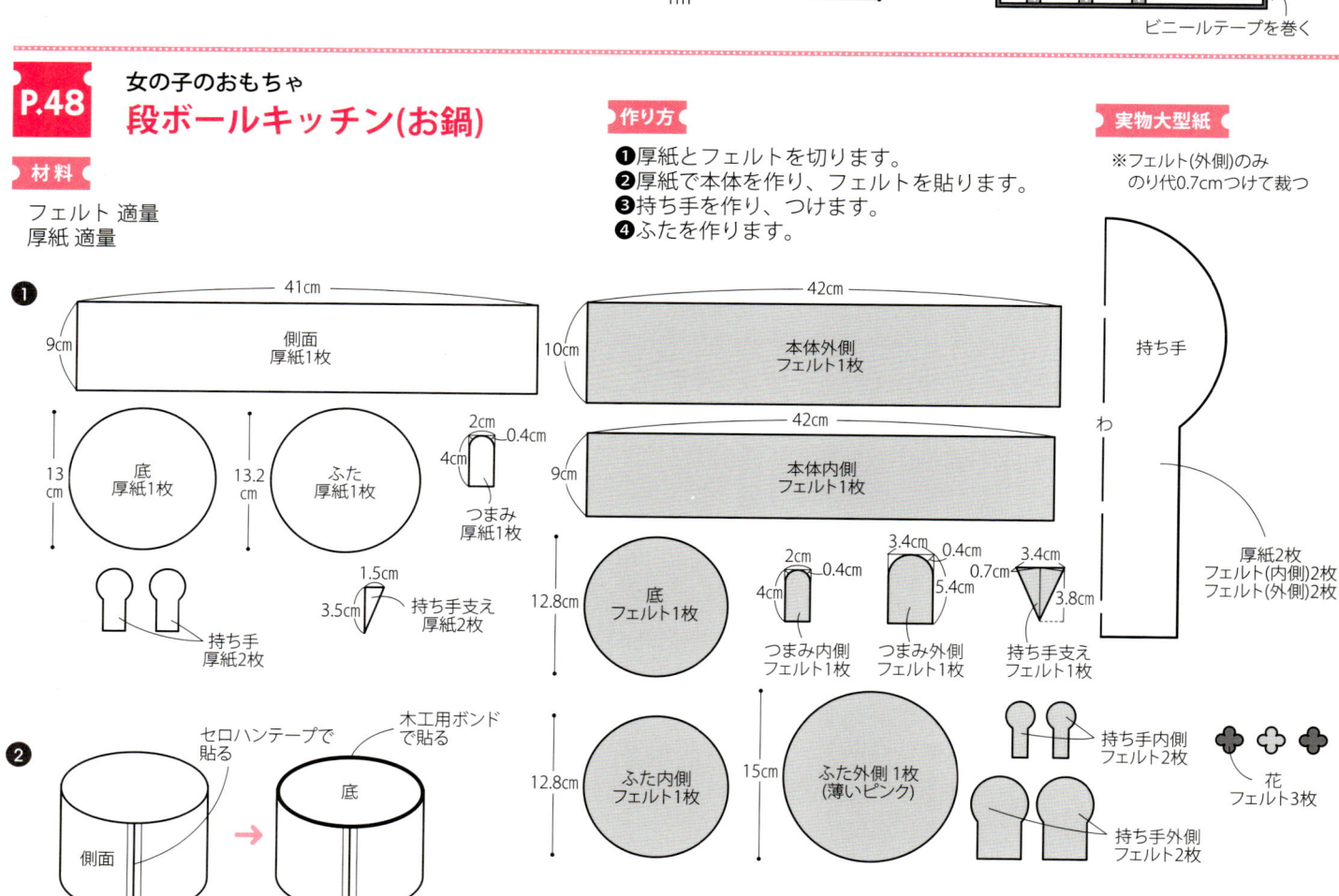

❶

- 側面 厚紙1枚 41cm × 9cm
- 本体外側 フェルト1枚 42cm × 10cm
- 本体内側 フェルト1枚 42cm × 9cm
- 底 厚紙1枚 13cm
- ふた 厚紙1枚 13.2cm
- つまみ 厚紙1枚 2cm / 0.4cm / 4cm
- 持ち手 厚紙2枚
- 持ち手支え 厚紙2枚 1.5cm / 3.5cm
- 底 フェルト1枚 12.8cm
- つまみ内側 フェルト1枚 2cm / 0.4cm / 4cm
- つまみ外側 フェルト1枚 3.4cm / 0.4cm / 5.4cm
- 持ち手支え フェルト1枚 3.4cm / 0.7cm / 3.8cm
- ふた内側 フェルト1枚 12.8cm
- ふた外側 1枚(薄いピンク) 15cm
- 持ち手内側 フェルト2枚
- 持ち手外側 フェルト2枚
- 花 フェルト3枚
- 持ち手 厚紙2枚 フェルト(内側)2枚 フェルト(外側)2枚

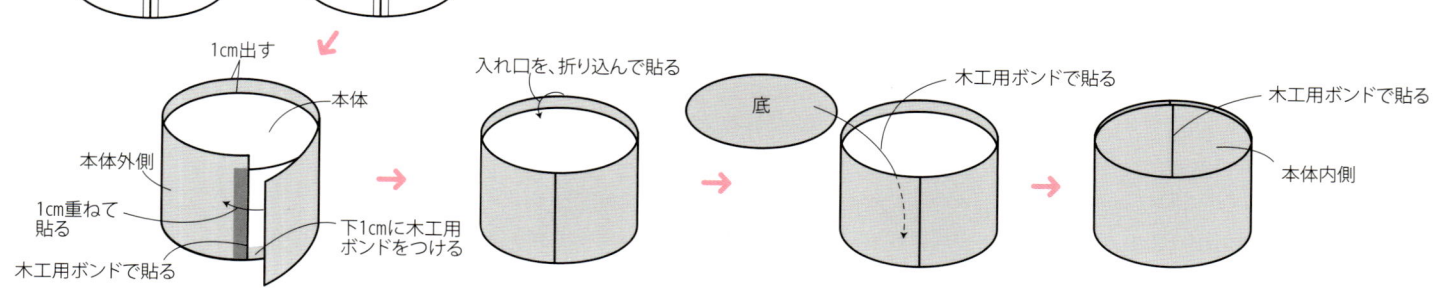

❷

側面 — セロハンテープで貼る → 底 — 木工用ボンドで貼る

↓

1cm出す / 本体 / 本体外側 / 1cm重ねて貼る / 木工用ボンドで貼る / 下1cmに木工用ボンドをつける
→ 入れ口を、折り込んで貼る
→ 底
→ 木工用ボンドで貼る
→ 木工用ボンドで貼る / 本体内側

P.48 女の子のおもちゃ 段ボールキッチン（フライ返し）

材料
フェルト 適量
厚紙 適量

作り方
厚紙にフェルトを貼ります。

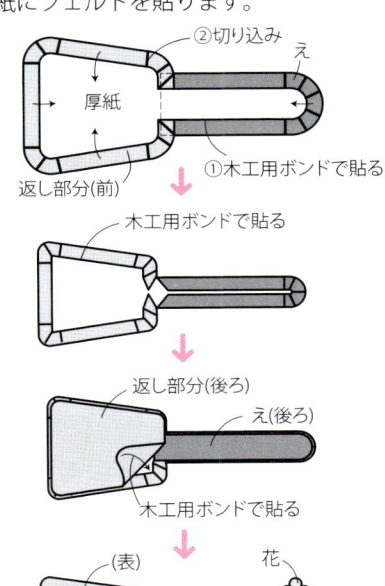

P.48 女の子のおもちゃ 段ボールキッチン（菜箸）

材料
フェルト 適量
厚紙 適量

作り方
厚紙にフェルトを貼ります。

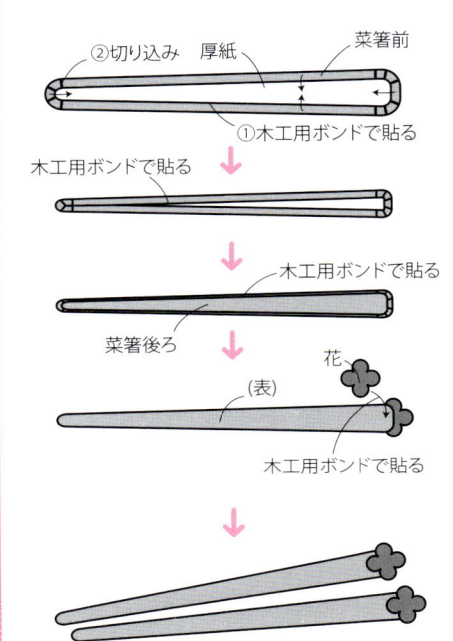

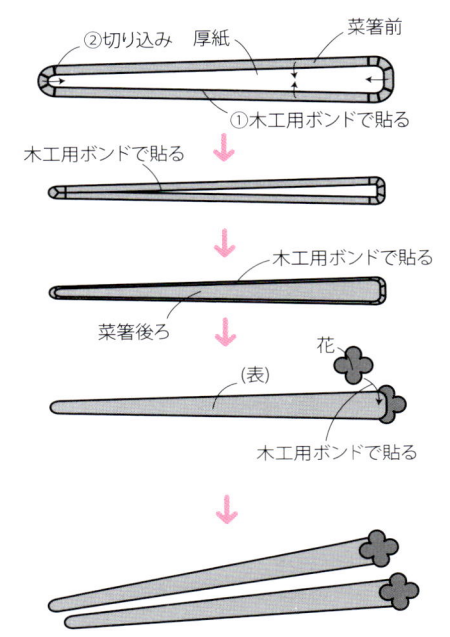

実物大型紙
※フェルト(前)のみのり代0.7cmつけて裁つ

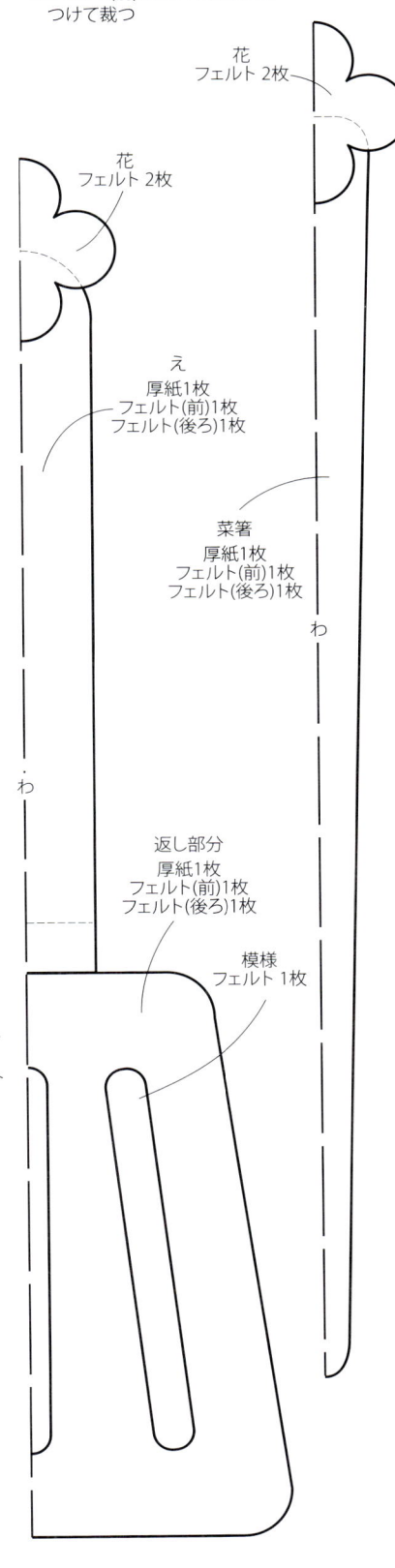

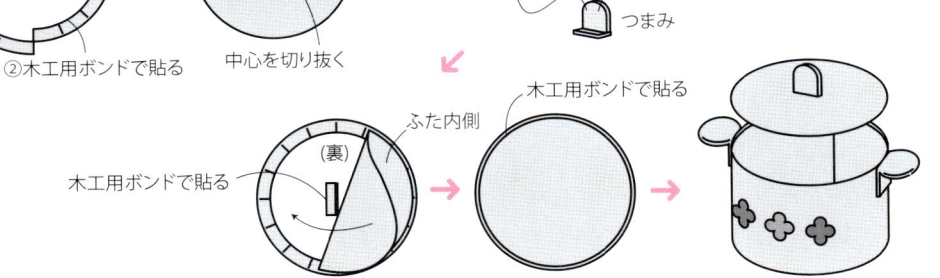

花 フェルト 2枚
花 フェルト 2枚

え
厚紙1枚
フェルト(前)1枚
フェルト(後ろ)1枚

菜箸
厚紙1枚
フェルト(前)1枚
フェルト(後ろ)1枚

わ

返し部分
厚紙1枚
フェルト(前)1枚
フェルト(後ろ)1枚

模様
フェルト 1枚

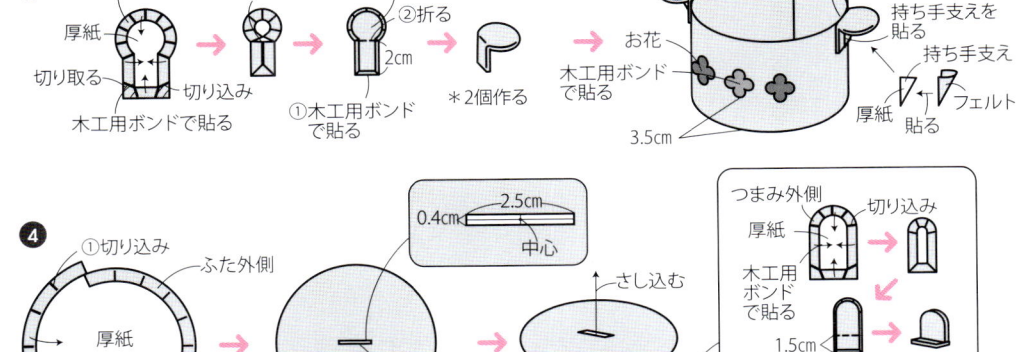

105

P.48 女の子のおもちゃ　段ボールキッチン

材料
段ボール 適量
布テープ 適量
ペットボトルのふた 2個
空き箱 1個

作り方
<調理台>
❶段ボールを切ります。
❷段ボールを貼り合わせます。
❸布テープを貼ります。

<コンロ>❶❷は<調理台>と同じ
❸正面に切り込みを入れて扉を作りコンロ・スイッチ・取っ手を作り、つけます。

<シンク>❶は<調理台>と同じ
❷上面に空き箱をはめこみシンクにし、蛇口を作り、つけます。

型紙
※150%に拡大して使用
※全て布テープ

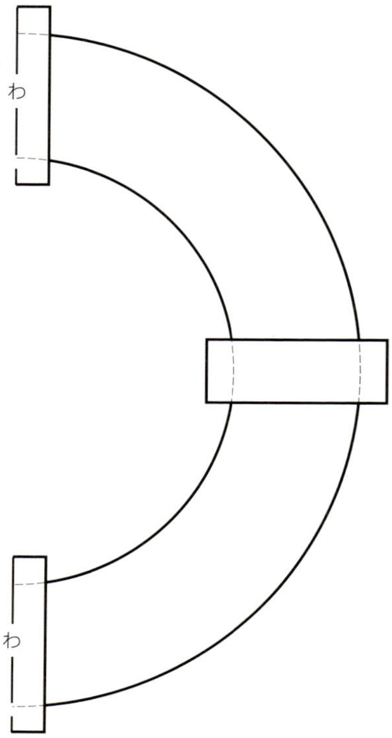

<調理台>
❶
- 段ボール 正面背 23cm × 39cm
- 段ボール 底上面 25cm × 39cm
- 段ボール 側面 23cm × 24cm

❷ 布テープ

❸ 布テープ

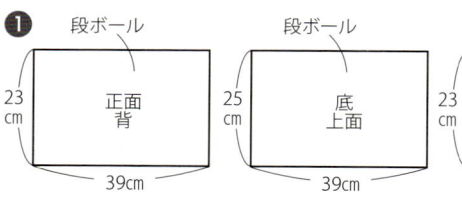

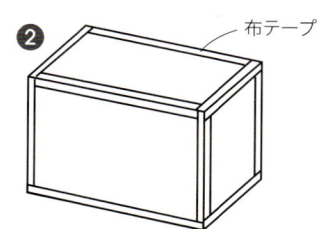

<コンロ>
①切り込みを入れる
正面 27cm × 6cm、6cm、2cm
②折り目をつける
段ボールに布テープを貼る
❸ 布テープ
ペットボトルのふた
布テープを貼る
プラスチック用ボンドで貼る

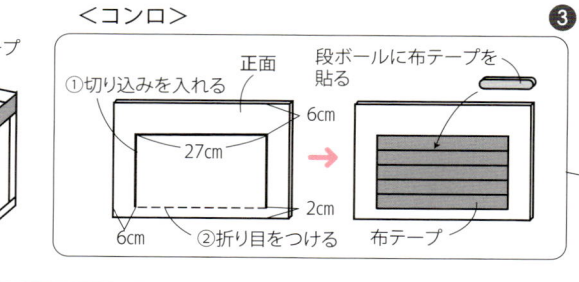

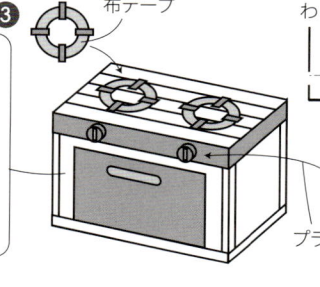

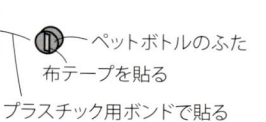

<シンク>
空き箱 17.5cm × 28.5cm、6.5cm
上面 空き箱を置いて形を写し、切り抜く
布テープで貼る
❷ 貼る 布テープ

①段ボールに布テープを貼る　3.5cm 1.5cm 2.5cm 3.5cm 15cm 9cm 6.5cm
②切り込みを入れる
折って、両面テープで貼る

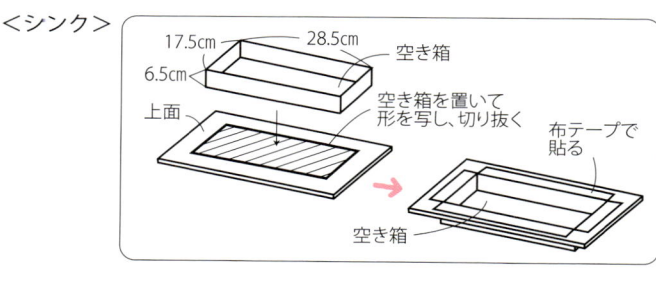

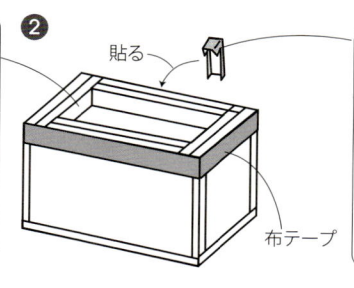

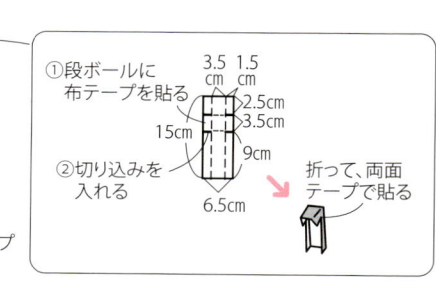

P.50 女の子のおもちゃ　羊毛フェルトの野菜

材料
<にんじん>
<きゅうり>
<じゃがいも>
<さやえんどう>
<プチトマト>
<トマト>
<たまねぎ>
<ピーマン>
全て羊毛フェルト 適量

型紙
※150%に拡大して使用
※全て羊毛フェルト

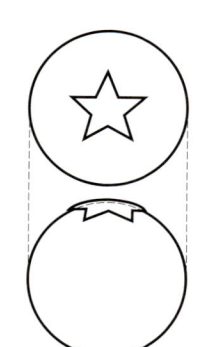

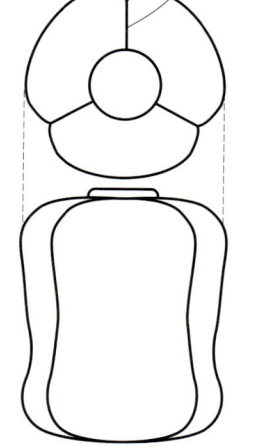

くぼみをつける

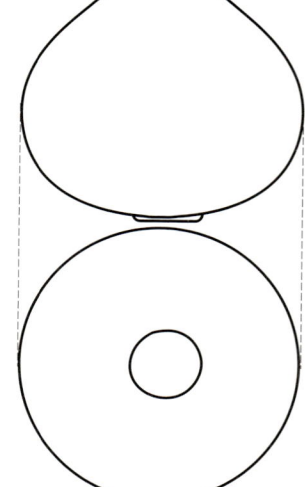

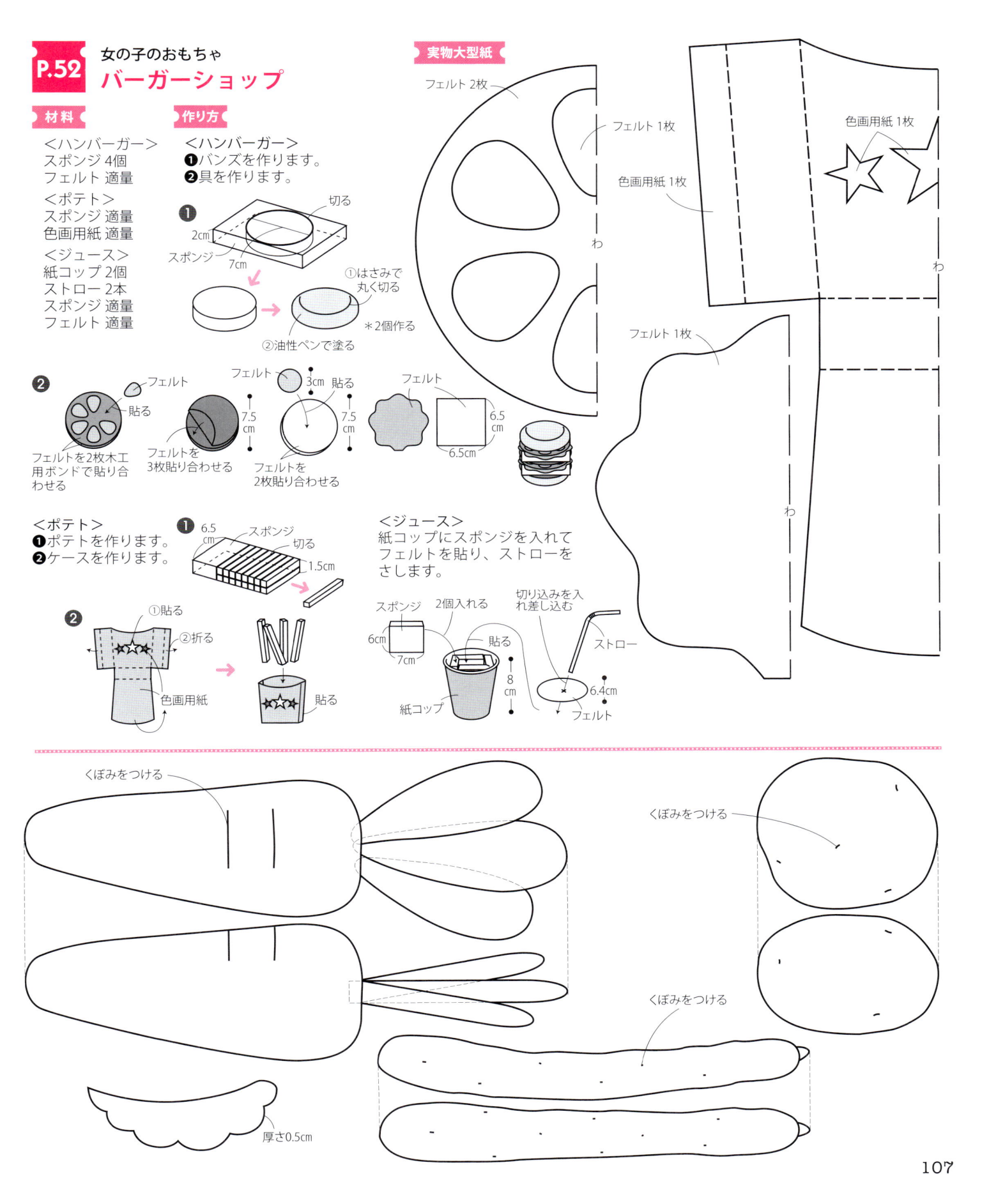

P.52 女の子のおもちゃ バーガーショップ

実物大型紙

材料

＜ハンバーガー＞
スポンジ 4個
フェルト 適量

＜ポテト＞
スポンジ 適量
色画用紙 適量

＜ジュース＞
紙コップ 2個
ストロー 2本
スポンジ 適量
フェルト 適量

作り方

＜ハンバーガー＞
❶ バンズを作ります。
❷ 具を作ります。

❶ スポンジ 2cm 7cm 切る
 → ①はさみで丸く切る ②油性ペンで塗る ＊2個作る

❷ フェルト 貼る
 フェルトを2枚木工用ボンドで貼り合わせる
 フェルト 3cm 貼る 7.5cm
 フェルトを3枚貼り合わせる
 7.5cm フェルトを2枚貼り合わせる
 フェルト 6.5cm 6.5cm

＜ポテト＞
❶ ポテトを作ります。
❷ ケースを作ります。

❶ 6.5cm スポンジ 切る 1.5cm
❷ ①貼る ②折る 色画用紙 貼る

＜ジュース＞
紙コップにスポンジを入れてフェルトを貼り、ストローをさします。

スポンジ 6cm 7cm 2個入れる 貼る 紙コップ 8cm
切り込みを入れ差し込む ストロー 6.4cm フェルト

フェルト 2枚
フェルト 1枚
色画用紙 1枚
色画用紙 1枚
フェルト 1枚
わ

くぼみをつける
厚さ0.5cm

P.54 女の子のおもちゃ 段ボールのマイハウス

材料
段ボール箱(大) 1個
段ボール 適量
布テープ 適量

作り方
① 段ボール箱を切って、家の形を作ります。
② 屋根を作ります。
③ 切り込みを入れて扉を作ります。
④ 切り込みを入れて窓を作ります。
⑤ えんとつを作ってつけます。

① 段ボール箱 15cm 15cm 切り取る 22cm 36cm 46.5cm 66cm 45cm
→ 段ボール 23cm 36cm 足りない部分を足す 布テープで貼る
→ 折る
→ 貼る

② 段ボール 35cm 45cm
→ 貼る
→ 布テープを貼る

③ ①切る 段ボールに布テープを貼る 7.5cm ④貼る ③布テープを貼る ②折り目をつける

④ 14.5cm 5cm ①布テープを貼る ②切る 23cm ③折り目をつける 8 29cm

⑤ 段ボール 11cm 11cm 11cm 11cm 32cm 折る 布テープで貼る 布テープを巻く 21cm 切り取る
→ 差し込む えんとつの口の大きさを写して切り取る
→ 内側から布テープでとめる

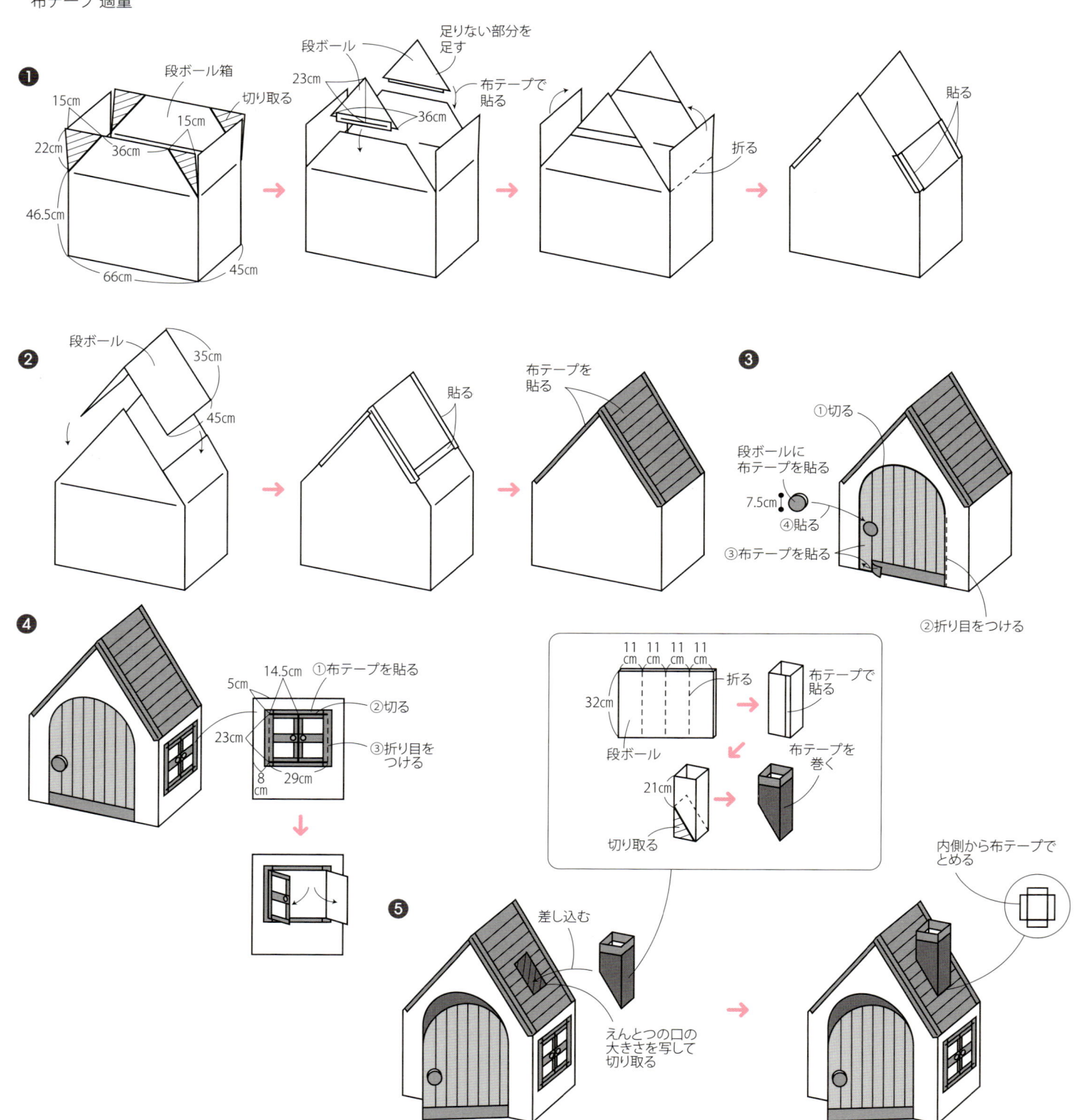

P.53 女の子のおもちゃ　スポンジケーキ

材料
- スポンジ 適量
- フェルト 適量
- モール 適量

作り方
土台とトッピングはスポンジ、クリームはフェルト、チェリーはスポンジとモールで作ります。

<土台> 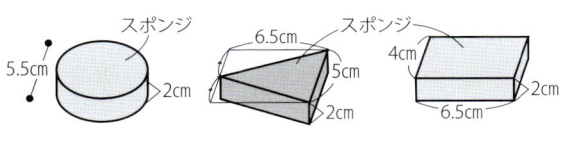 スポンジ 5.5cm×2cm / 6.5cm×5cm×2cm / 6.5cm×4cm×2cm

<トッピング> スポンジ 2cm×2cm / 8cm×2cm×1.5cm → ねじる → ★をプラスチック用ボンドで貼り合わせる

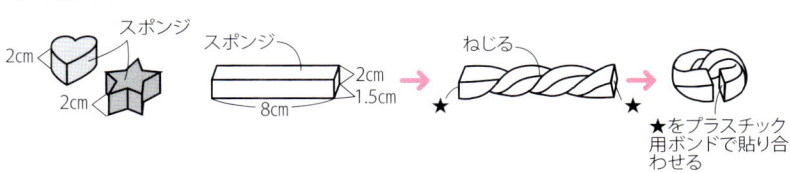

<クリーム> フェルト 5.5cm / 6.5cm×5cm / 6.5cm×4cm

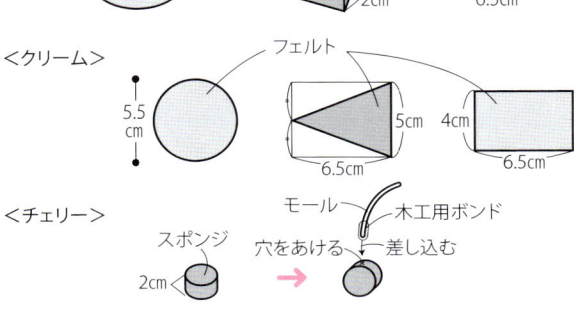

<チェリー> スポンジ 2cm / モール / 穴をあける / 差し込む / 木工用ボンド

実物大型紙 ＊全てスポンジ（星・ハート）

P.56 ゲーム遊び　輪投げ

材料
- 段ボール 適量
- 色画用紙 適量
- ビニールテープ 適量
- ペットボトル(1.5ℓ) 1本
- 厚紙 適量

作り方
❶ ペットボトルを切ってビニールテープを巻き、輪を作ります。
❷ 色画用紙を巻いて棒を作ります。
❸ 段ボールを切って土台を作り、棒を差し、棒の先に飾りをつけます。

❶ ペットボトル(1.5ℓ) / 切る 1cm / ビニールテープ / ＊6本作る

❷ 色画用紙 35cm×10cm / のり / 細い棒で巻く / 切る 33cm 切る

❸ 色画用紙 / 段ボール3枚を重ねて貼る / 色画用紙 / 貼る / 厚紙 / 目打ちで穴をあける / 差し込む / 木工用ボンド

実物大型紙
- 色画用紙1枚
- 色画用紙1枚 厚紙1枚
- 色画用紙1枚
- わ
- 色画用紙1枚 段ボール3枚
- ✕ 穴あけ位置

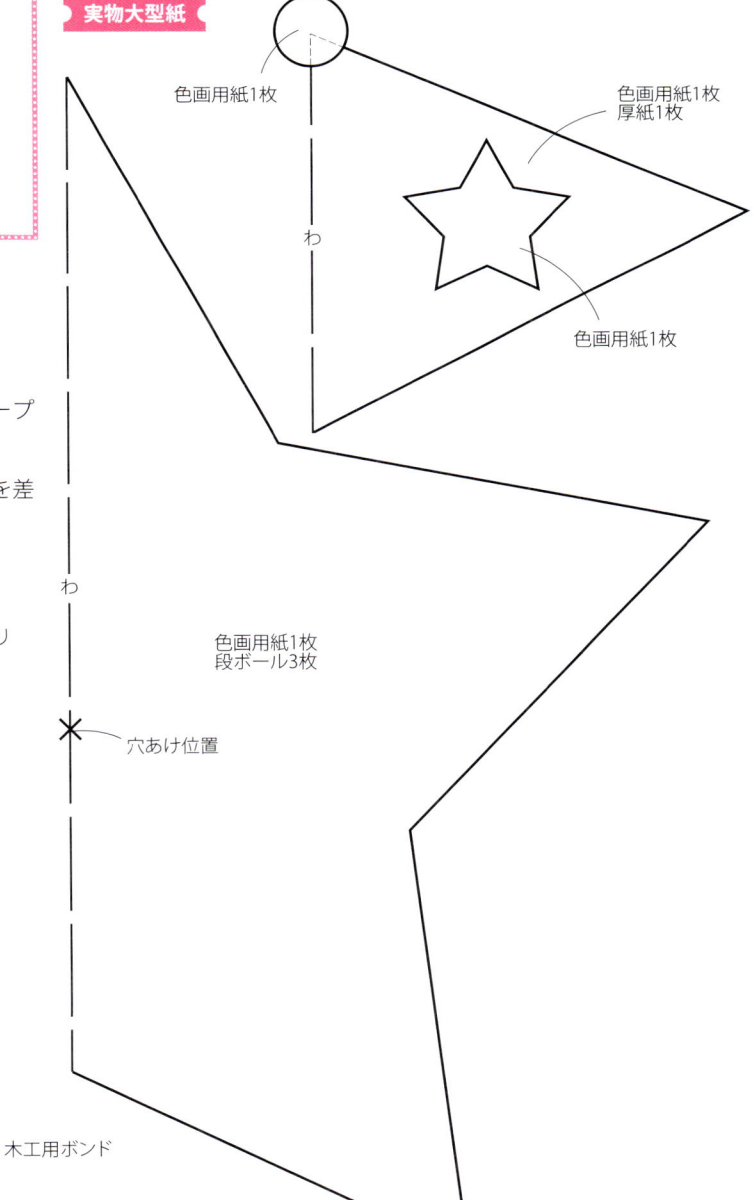

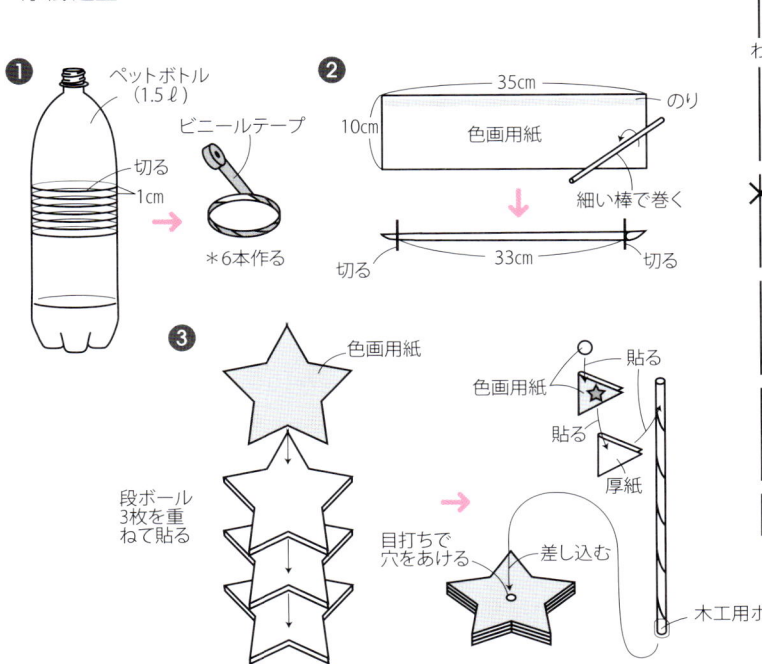

P.57 ゲーム遊び 巻き取りレース

材料
お菓子の空き箱 適量
トイレットペーパーの芯 各1本
色画用紙 適量
麻ひも 各4m

作り方
お菓子の空き箱で車を作ります。
トイレットペーパーの芯に、麻ひもを巻き、車につなぎます。

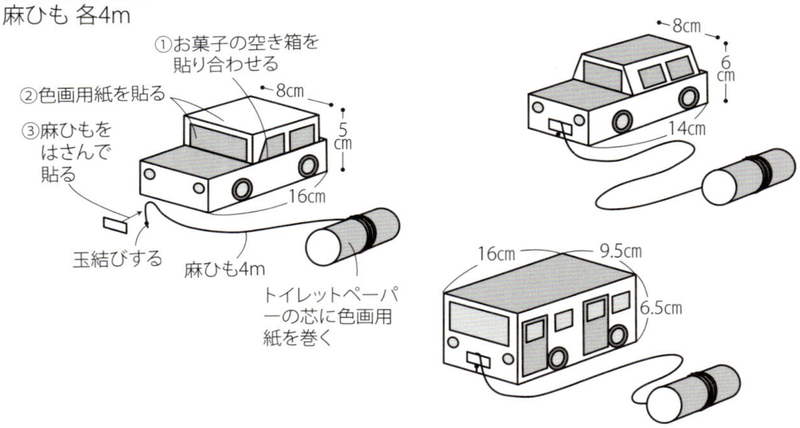

① お菓子の空き箱を貼り合わせる
② 色画用紙を貼る
③ 麻ひもをはさんで貼る
玉結びする
麻ひも4m
8cm / 5cm / 16cm
トイレットペーパーの芯に色画用紙を巻く

8cm / 6cm / 14cm
16cm / 9.5cm / 6.5cm

P.58 ゲーム遊び ペットボトルの鈴落とし

実物大型紙
ビニールテープ
クリアファイル
わ

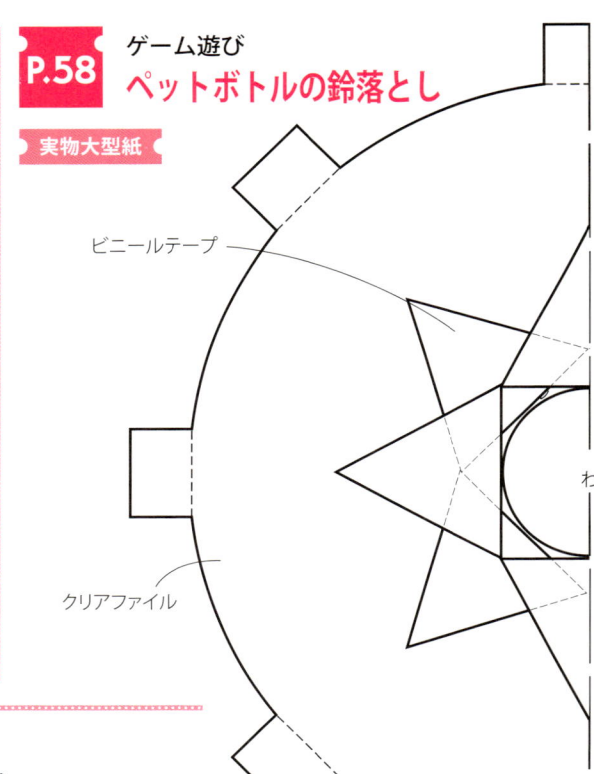

P.62 外遊び シャボン玉

材料
＜針金ハンガーの大きなシャボン玉＞
針金ハンガー 1本
ビニールテープ 適量
＜糸つきモールのシャボン玉＞
モール 2本
たこ糸 50cm
＜モールの輪のシャボン玉＞
モール 3本
＜お花のモールのシャボン玉＞
モール 2本

作り方
＜針金ハンガーの大きなシャボン玉＞
針金ハンガーを曲げて作ります。

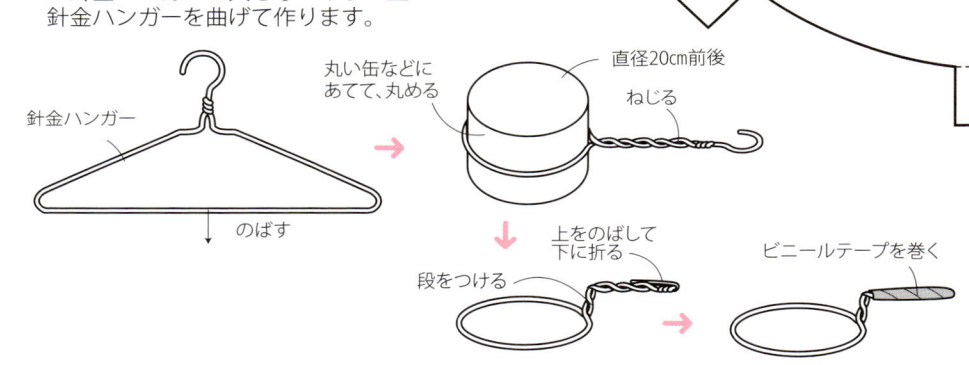

針金ハンガー / のばす
丸い缶などにあてて、丸める / ねじる / 直径20cm前後
上をのばして下に折る / 段をつける / ビニールテープを巻く

＜糸つきモールのシャボン玉＞
モールを2本ねじり合わせて輪にし、たこ糸をつけます。

2色のモールをねじり合わせる
筒にモールをあてて丸める
たこ糸を結んでつける / たこ糸50cm

＜お花のモールのシャボン玉＞
モールでお花の形を作り、持ち手をつけます。

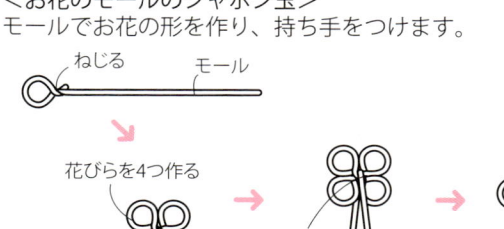

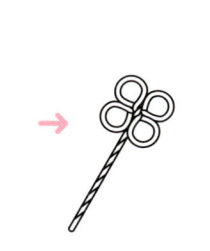

ねじる / モール
花びらを4つ作る
モールを1本かけてねじる

＜モールの輪のシャボン玉＞
モールを2本ねじり合わせて輪を3つ作り、持ち手をつけます。

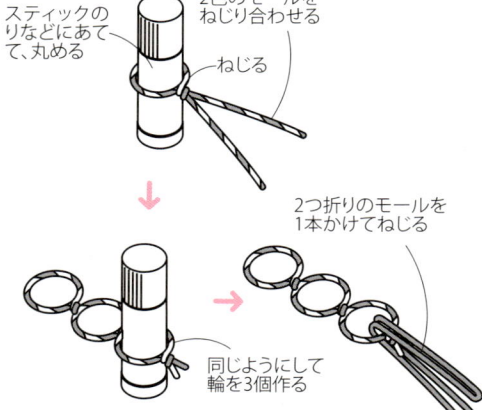

スティックのりなどにあてて、丸める
2色のモールをねじり合わせる
ねじる
2つ折りのモールを1本かけてねじる
同じようにして輪を3個作る

実物大型紙
モール

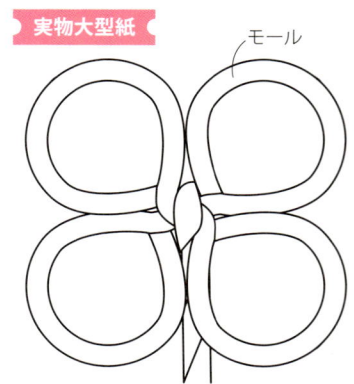

P.60 ゲーム遊び ○×ゲーム

実物大型紙
＊全てビニールテープ

材料
段ボール 14cm×14cm
色画用紙 14cm×14cm
ペットボトルのふた 10個
ビニールテープ 適量
ビニールシート 適量

作り方
色画用紙を段ボールに貼り、ビニールシートをかぶせます。コマはペットボトルのふたにビニールテープを貼ります。

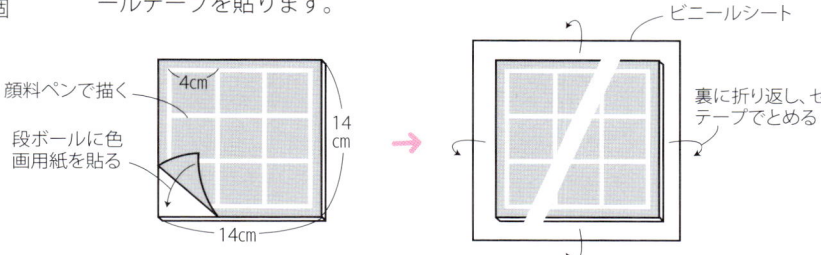

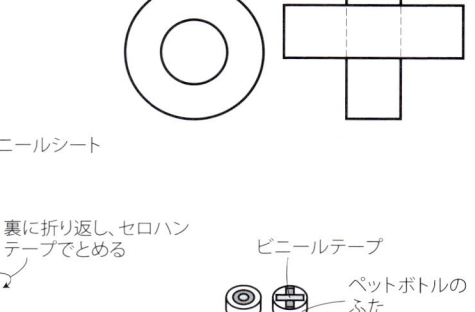

- 顔料ペンで描く
- 段ボールに色画用紙を貼る
- 4cm
- 14cm
- 14cm
- ビニールシート
- 裏に折り返し、セロハンテープでとめる
- ビニールテープ
- ペットボトルのふた
- ＊各5個作る

P.61 ゲーム遊び 段ボールけん玉

型紙
＊150％拡大して使用
＊指定以外全て色画用紙1枚

材料
＜さぼてん＞
段ボール 適量
色画用紙 適量
厚紙 適量
たこ糸 適量

＜うさぎ＞
段ボール 適量
色画用紙 適量
厚紙 適量
たこ糸 適量

作り方
＜さぼてん＞
本体と輪を作り、たこ糸でつなぎます。

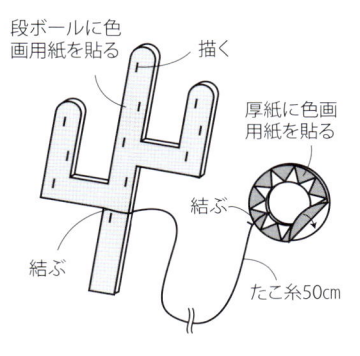

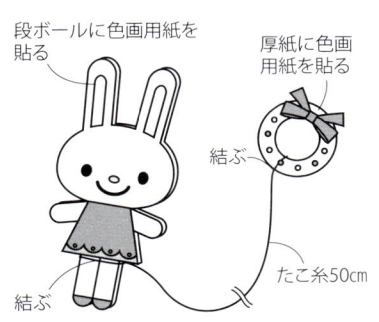

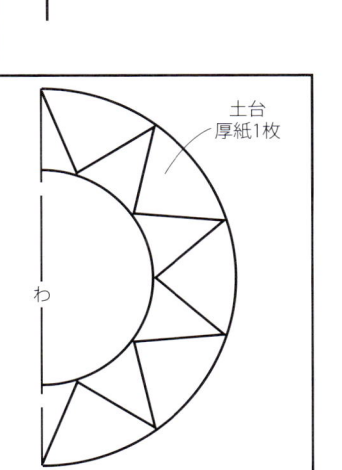

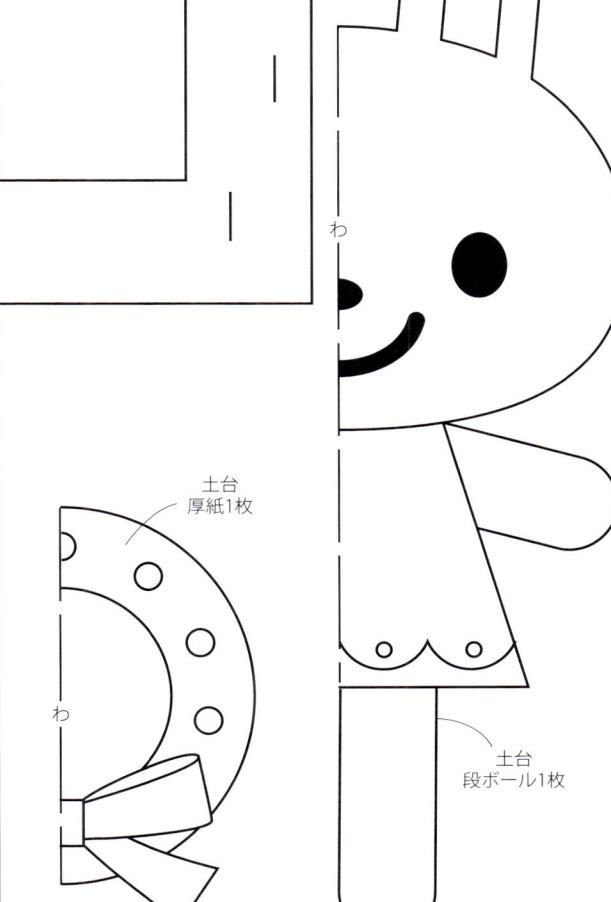

- 段ボールに色画用紙を貼る
- 描く
- 厚紙に色画用紙を貼る
- 結ぶ
- 結ぶ
- たこ糸50cm

＜うさぎ＞
さぼてんと同様に作ります。

- 段ボールに色画用紙を貼る
- 厚紙に色画用紙を貼る
- 結ぶ
- 結ぶ
- たこ糸50cm

- 土台 段ボール1枚
- 土台 厚紙1枚
- 土台 厚紙1枚
- 土台 段ボール1枚
- わ

P.64 外遊び お砂場セット

材料

<スコップ・お皿>
ペットボトル(500mℓ) 1本
ビニールテープ 適量

<じょうご・型>
ペットボトル(1.5ℓ) 1本
ビニールテープ 適量

作り方

<スコップ・お皿>
ペットボトルの上と下を切り、上はスコップ、下はお皿にして、ビニールテープを巻きます。

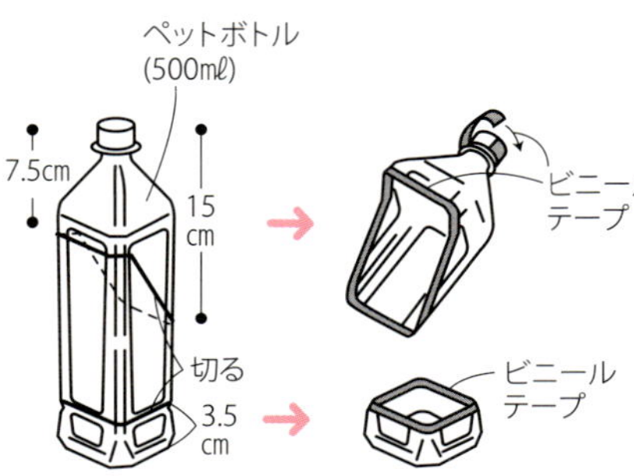

<じょうご・型>
ペットボトルの上と下を切り、上はじょうご、下は型にして、ビニールテープを巻きます。

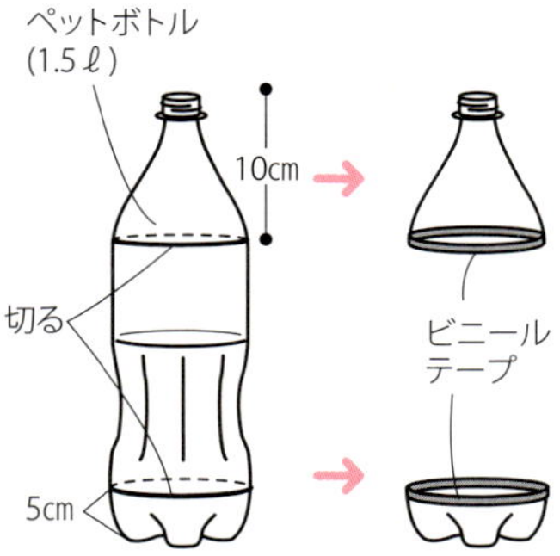

実物大型紙

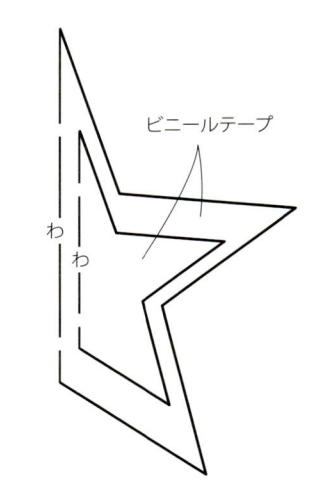

P.66 外遊び 水でお絵描き

材料

<ペットボトルお絵描き>
ペットボトル(2ℓ) 1本
ビニールテープ 適量
自在ワイヤー 適量

<マヨネーズ容器お絵描き>
マヨネーズの空き容器
ビニールテープ 適量

作り方

<ペットボトルお絵描き>
ペットボトルを切り、底に穴をあけ、ワイヤーをつけ、ビニールテープの模様をつけます。
*65ページ<バケツの作り方>参照

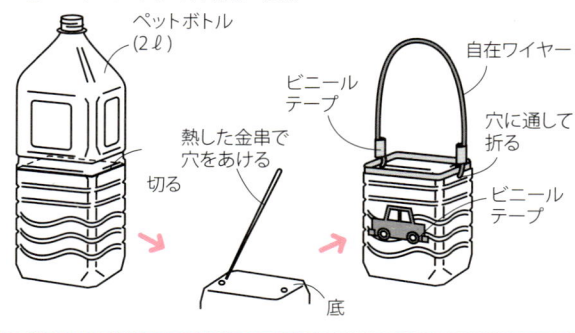

<マヨネーズ容器お絵描き>
マヨネーズの空き容器にビニールテープの模様をつけます

実物大型紙
*全てビニールテープ

P.67 外遊び フリスビー

材料

<フリスビー>
紙皿 2枚
ビニールテープ 適量

<穴あきフリスビー>
紙皿 1枚
ビニールテープ 適量

<ミニフリスビー>
プラスチック容器のふた 1枚
ビニールテープ 適量

作り方

<フリスビー>
紙皿2枚を貼り合わせ、ビニールテープを縁に巻き、模様をつけます。

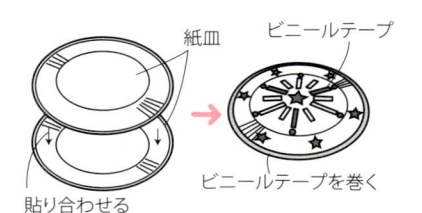

<穴あきフリスビー>
紙皿の中心に穴をあけ、ビニールテープを縁に巻き、模様をつけます。

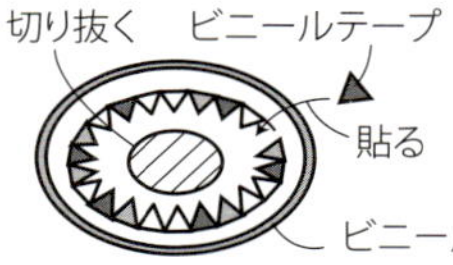

<ミニフリスビー>
プラスチック容器のふたの縁にビニールテープを巻き、模様をつけます。

実物大型紙

P.68 外遊び どんぐりのおもちゃ

材料

<やじろべえ・竹ひご>
どんぐり 3個
竹ひご 2本

<やじろべえ・ワイヤー>
どんぐり 1個
自在ワイヤー 適量
ビーズ 4個

<コマ>
どんぐり 1個
ようじ 1本

作り方

<やじろべえ・竹ひご>
どんぐりの左右に穴をあけ、どんぐりを差した竹ひごを差し込みます。

<やじろべえ・ワイヤー>
どんぐりの左右に穴をあけ、ビーズを通したワイヤーを差し込みます。

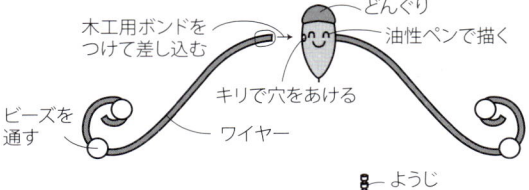

<コマ>
どんぐりの上に穴をあけ、ようじを差し込みます。

実物大型紙

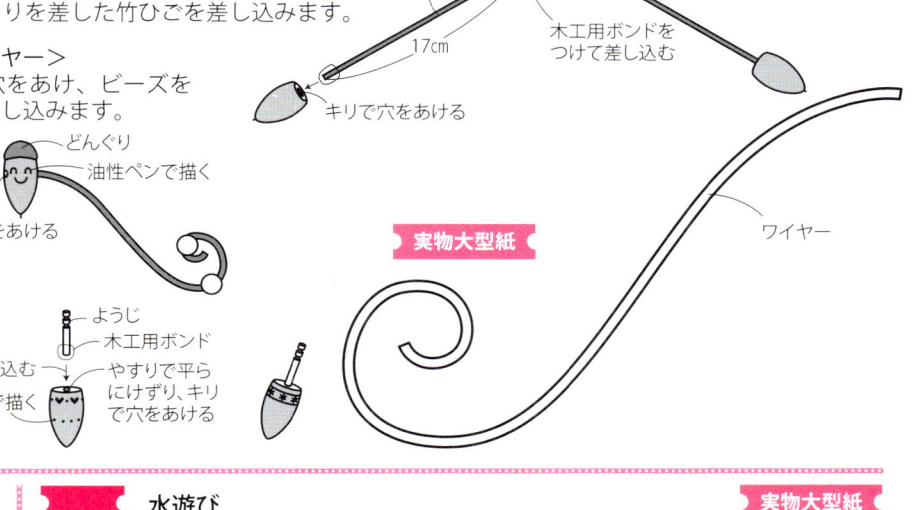

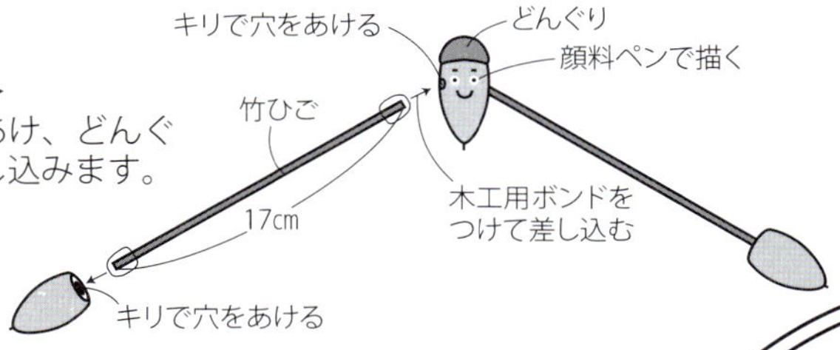

P.69 外遊び 落ち葉でお絵描き

材料
落ち葉 適量
色画用紙 適量

作り方
落ち葉を色画用紙に貼って、絵にします。

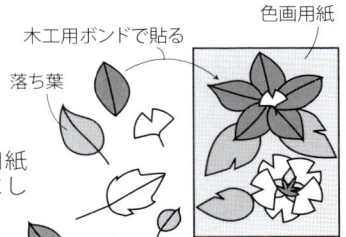

P.72 水遊び 進む船(風船)

材料
牛乳パック(1000mℓ) 1本
風船 1個
ビニールテープ 適量

作り方
牛乳パックの船を作り、穴をあけて風船をつけます。

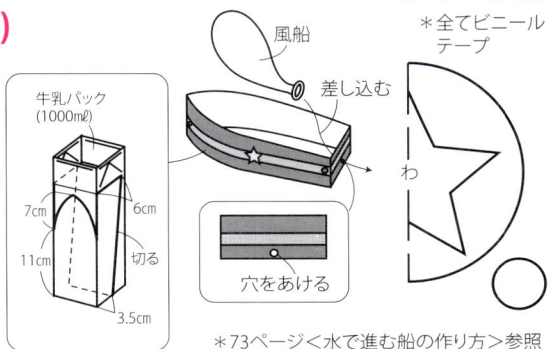

実物大型紙
＊全てビニールテープ

＊73ページ＜水で進む船の作り方＞参照

P.70 水遊び ペットボトルシャワー

材料

<四角いシャワー>
ペットボトル(2ℓ) 1本
自在ワイヤー 適量
ビニールテープ 適量

<丸いシャワー>
ペットボトル(1.5ℓ) 1本
自在ワイヤー 適量
ビニールテープ 適量

作り方
ペットボトルを切り、底に穴をあけ、ワイヤーをつけ、ビニールテープの模様をつけます。

実物大型紙
＊全てビニールテープ

<四角いシャワー>
＊65ページ＜バケツ＞の作り方参照

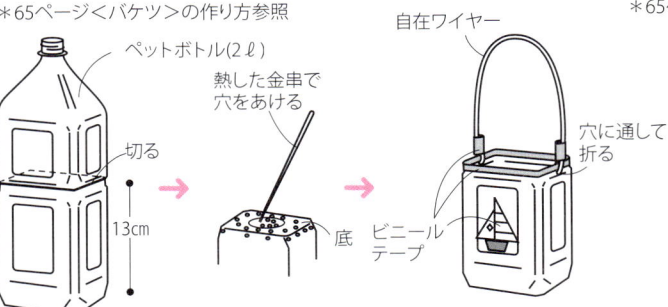

<丸いシャワー>
＊65ページ＜バケツ＞の作り方参照

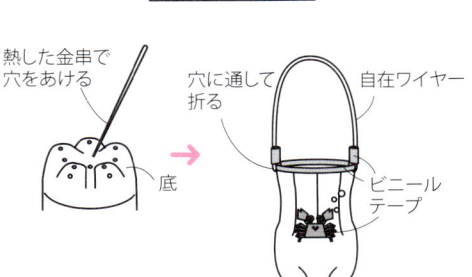

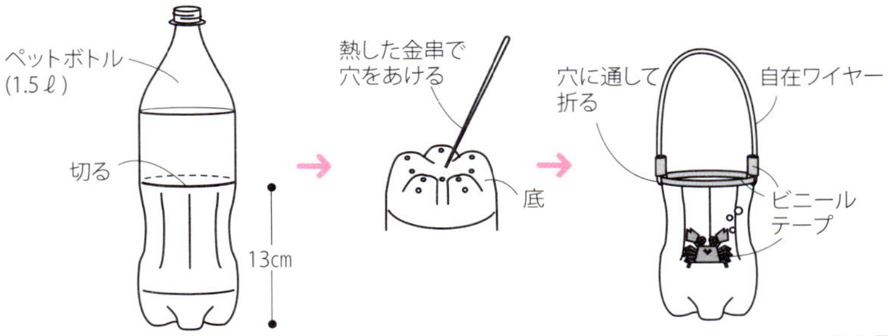

P.71 水遊び 魚釣り

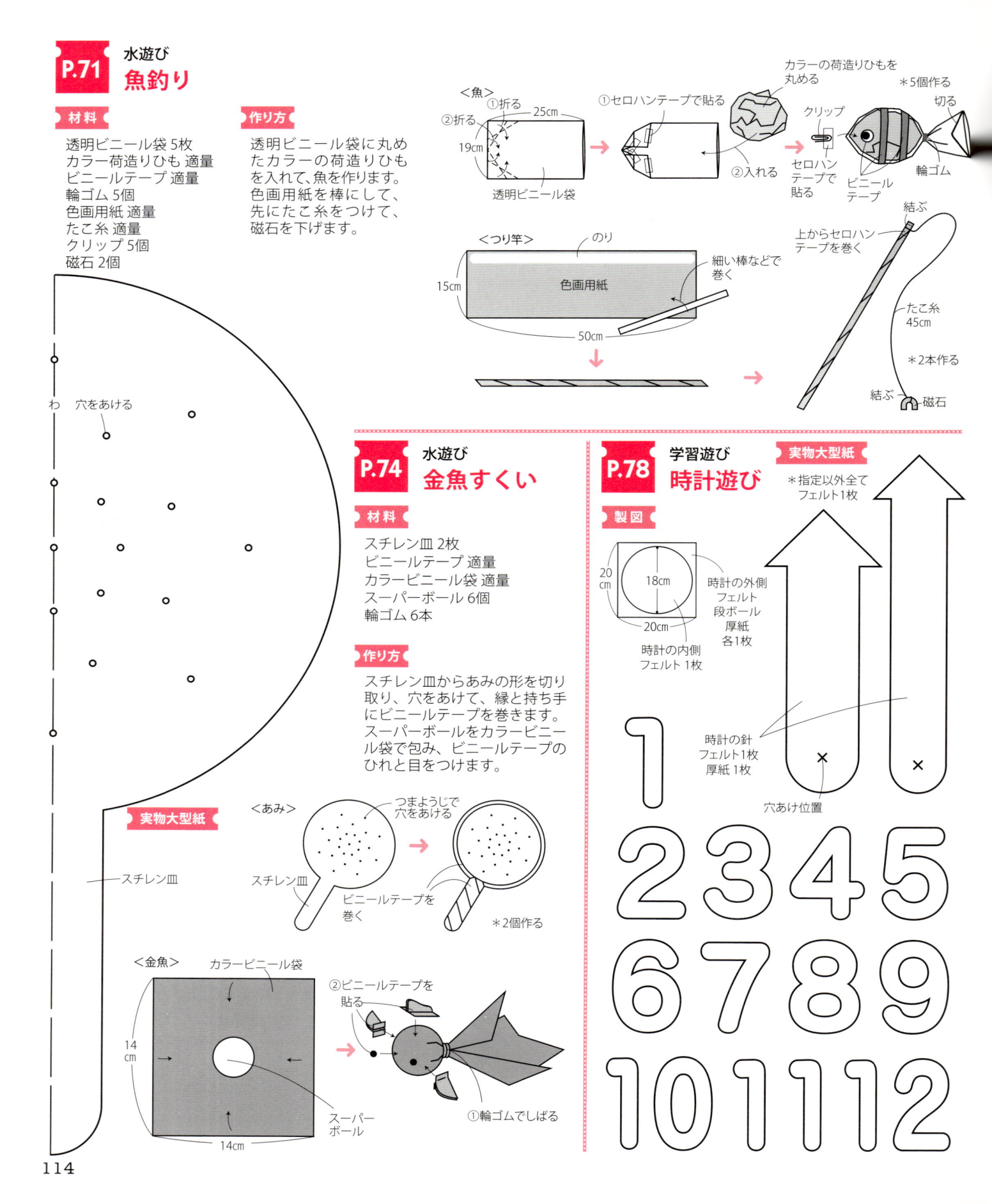

材料
- 透明ビニール袋 5枚
- カラー荷造りひも 適量
- ビニールテープ 適量
- 輪ゴム 5個
- 色画用紙 適量
- たこ糸 適量
- クリップ 5個
- 磁石 2個

作り方
透明ビニール袋に丸めたカラーの荷造りひもを入れて、魚を作ります。色画用紙を棒にして、先にたこ糸をつけて、磁石を下げます。

<魚>
- ①折る
- ②折る
- 25cm
- 19cm
- 透明ビニール袋
- ①セロハンテープで貼る
- カラーの荷造りひもを丸める
- ②入れる
- *5個作る
- 切る
- クリップ
- セロハンテープで貼る
- ビニールテープ
- 輪ゴム

<つり竿>
- のり
- 15cm
- 色画用紙
- 50cm
- 細い棒などで巻く
- 上からセロハンテープを巻く
- 結ぶ
- たこ糸 45cm
- *2本作る
- 結ぶ
- 磁石

P.74 水遊び 金魚すくい

材料
- スチレン皿 2枚
- ビニールテープ 適量
- カラービニール袋 適量
- スーパーボール 6個
- 輪ゴム 6本

作り方
スチレン皿からあみの形を切り取り、穴をあけて、縁と持ち手にビニールテープを巻きます。スーパーボールをカラービニール袋で包み、ビニールテープのひれと目をつけます。

実物大型紙
- スチレン皿
- わ
- 穴をあける

<あみ>
- つまようじで穴をあける
- スチレン皿
- ビニールテープを巻く
- *2個作る

<金魚>
- カラービニール袋
- 14cm × 14cm
- ②ビニールテープを貼る
- ①輪ゴムでしばる
- スーパーボール

P.78 学習遊び 時計遊び

製図
- 20cm × 20cm
- 18cm
- 時計の外側 フェルト・段ボール・厚紙 各1枚
- 時計の内側 フェルト1枚
- 時計の針 フェルト1枚・厚紙1枚

実物大型紙
*指定以外全てフェルト1枚

穴あけ位置

1 2 3 4 5 6 7 8 9 10 11 12

P.75 水遊び
水時計

材料

<水時計・大>
ペットボトル(200ml)2本
スチレン皿 適量
ビニールテープ 適量
糸 適量

<水時計大・小>
ペットボトル(130ml)2本
スチレン皿 適量
ビニールテープ 適量
糸 適量

作り方

❶ スチレン皿から弁と魚を切り取ります。
❷ 弁を作ります。
❸ 魚を作ります。
❹ 弁に魚をつけます。
❺ ペットボトルの1本に水を入れ、弁をつけます。
❻ ⑤に★を入れたもう1本のペットボトルをつけます。

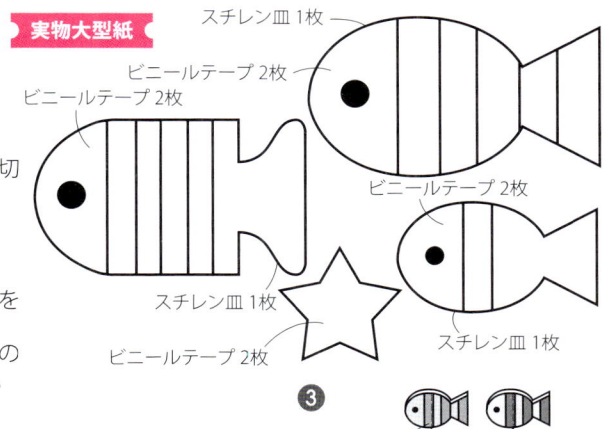

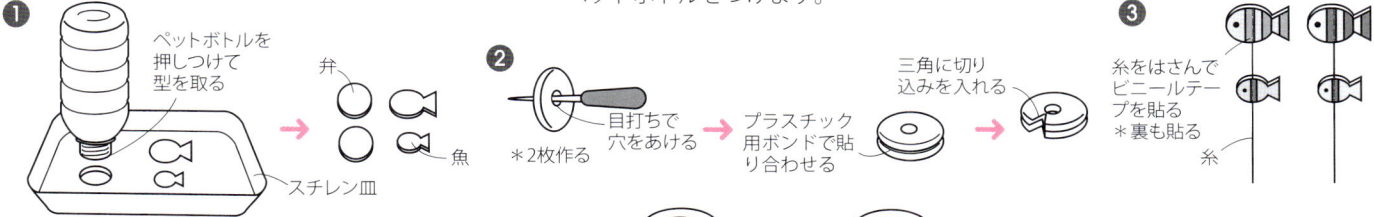

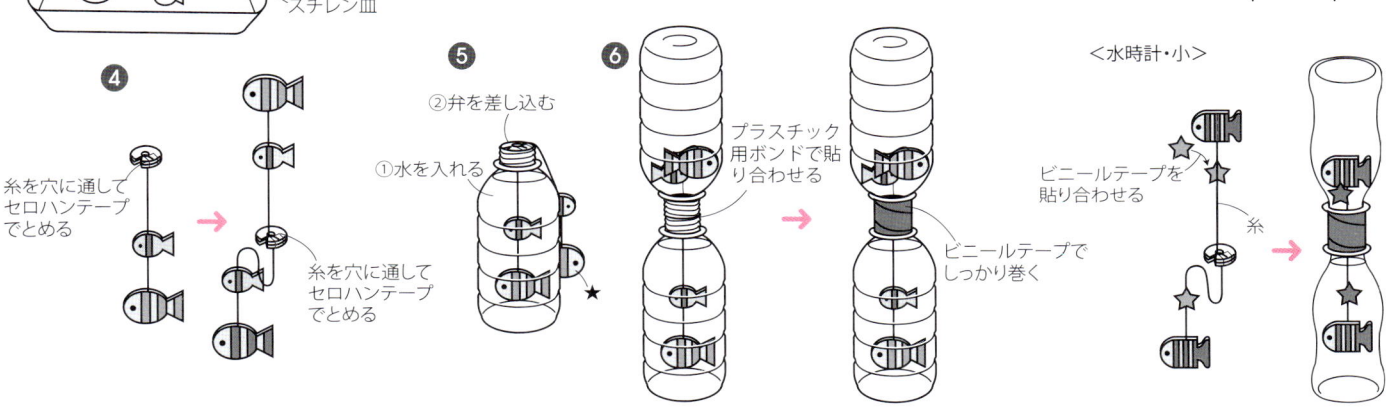

実物大型紙

P.76 学習遊び
日付と季節と天気のボード

材料

段ボール 50.5cm×35.5cm
色画用紙 適量
ビニールシート 適量

作り方

段ボールに色画用紙を貼り、枠をつけ、ビニールシートをかぶせます。パーツは色画用紙を段ボールに貼り、字を書いて、裏にセロハンテープを丸めてつけます。

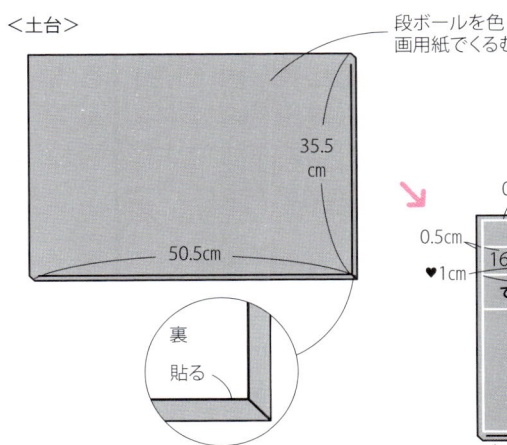

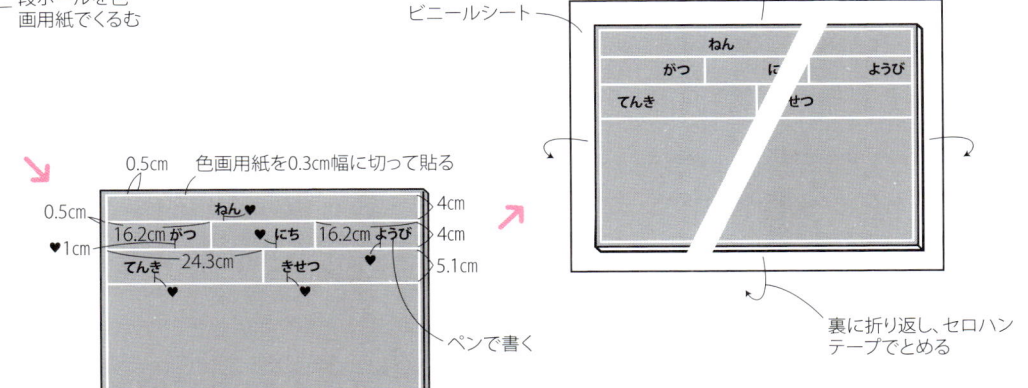

※パーツの型紙は116ページにあります

115

P.77 学習遊び 日付と季節と天気のボード(バス)

材料
段ボール 53cm×24cm
色画用紙 適量
ビニールシート 適量
厚紙 適量

作り方
段ボールに色画用紙を貼り、ビニールシートをかぶせます。ビニールシートの上にタイヤを貼ります。
＊パーツの作り方は76ページの「日付と季節と天気のボード」と同じ

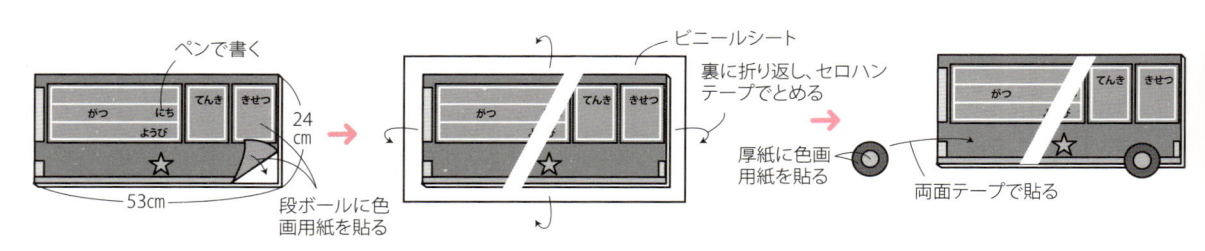

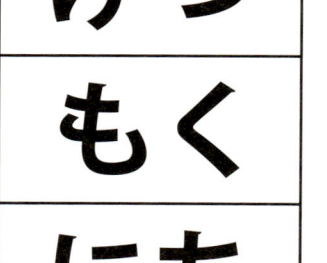

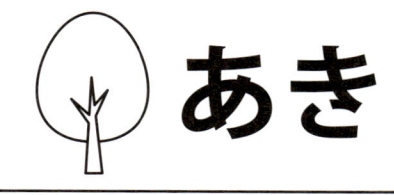

P.76 学習遊び 日付と季節と天気のボード

型紙 ※作り方は115ページにあります

※150%に拡大して使用
※文字は顔料ペン、その他は全て色画用紙

1は6枚、2は5枚、0と6は4枚、その他は各3枚

0		
1	2	3
4	5	6
7	8	9

あめ　はれ
ゆき　くもり
はる　なつ
あき　ふゆ

げつ
か　すい　もく
きん　ど　にち

ねん　がつ　にち　ようび
きせつ　てんき

型紙
※300%に拡大して使用

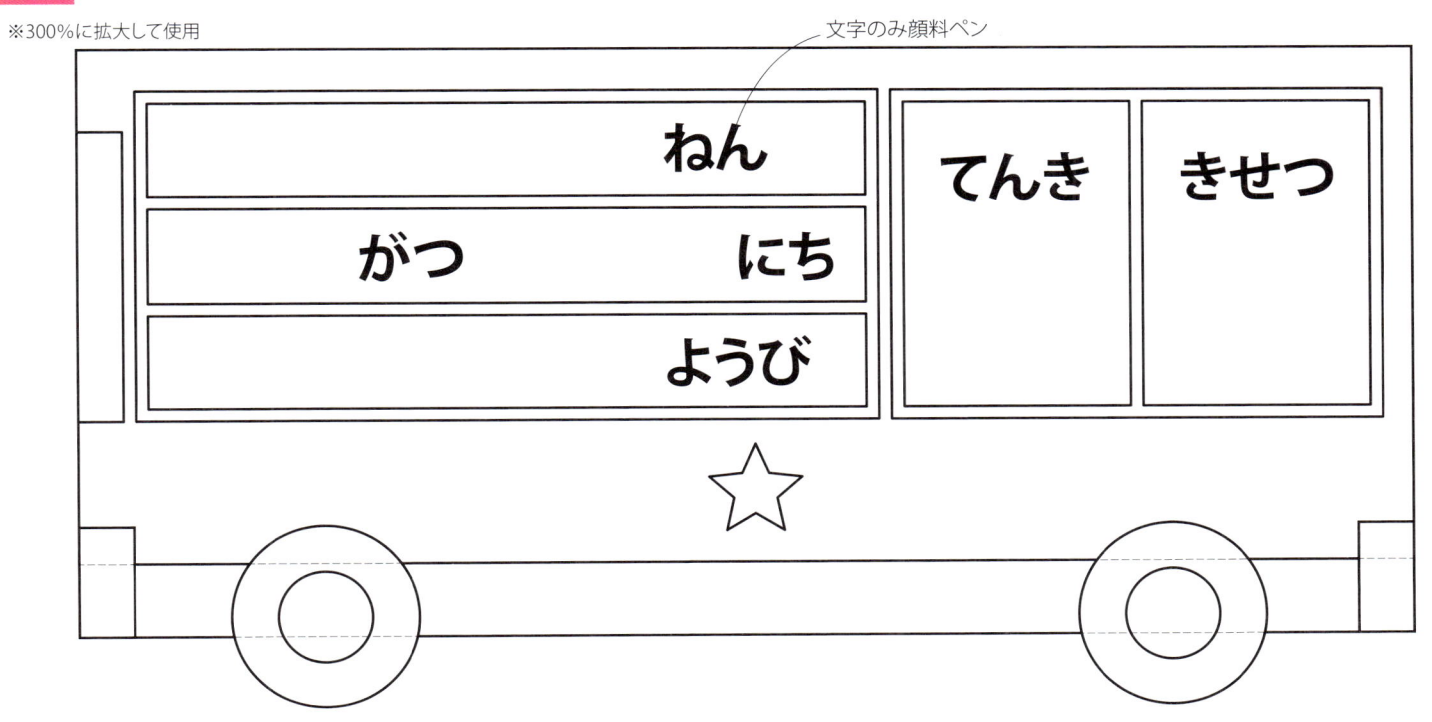

文字のみ顔料ペン

ねん
がつ　にち
ようび

てんき　きせつ

P.80 学習遊び
あいうえおポケット

材料
段ボール 82cm×65cm
色画用紙 適量
ビニールシート 88.1cm×50cm
厚紙 適量
布テープ 適量

ビニールシート
88.1cm
5.5cm　10cm
4.5cm
11cm　7.7cm　7.7cm　11cm
0.5cmの両面テープを貼る

折って貼り合わせる　＊5本作る

作り方
段ボールに色画用紙を貼ります。ビニールシートのポケットを作って貼り、絵を貼ります。色画用紙に文字を書き、カードを作ります。
※型紙は118～123ページにあります

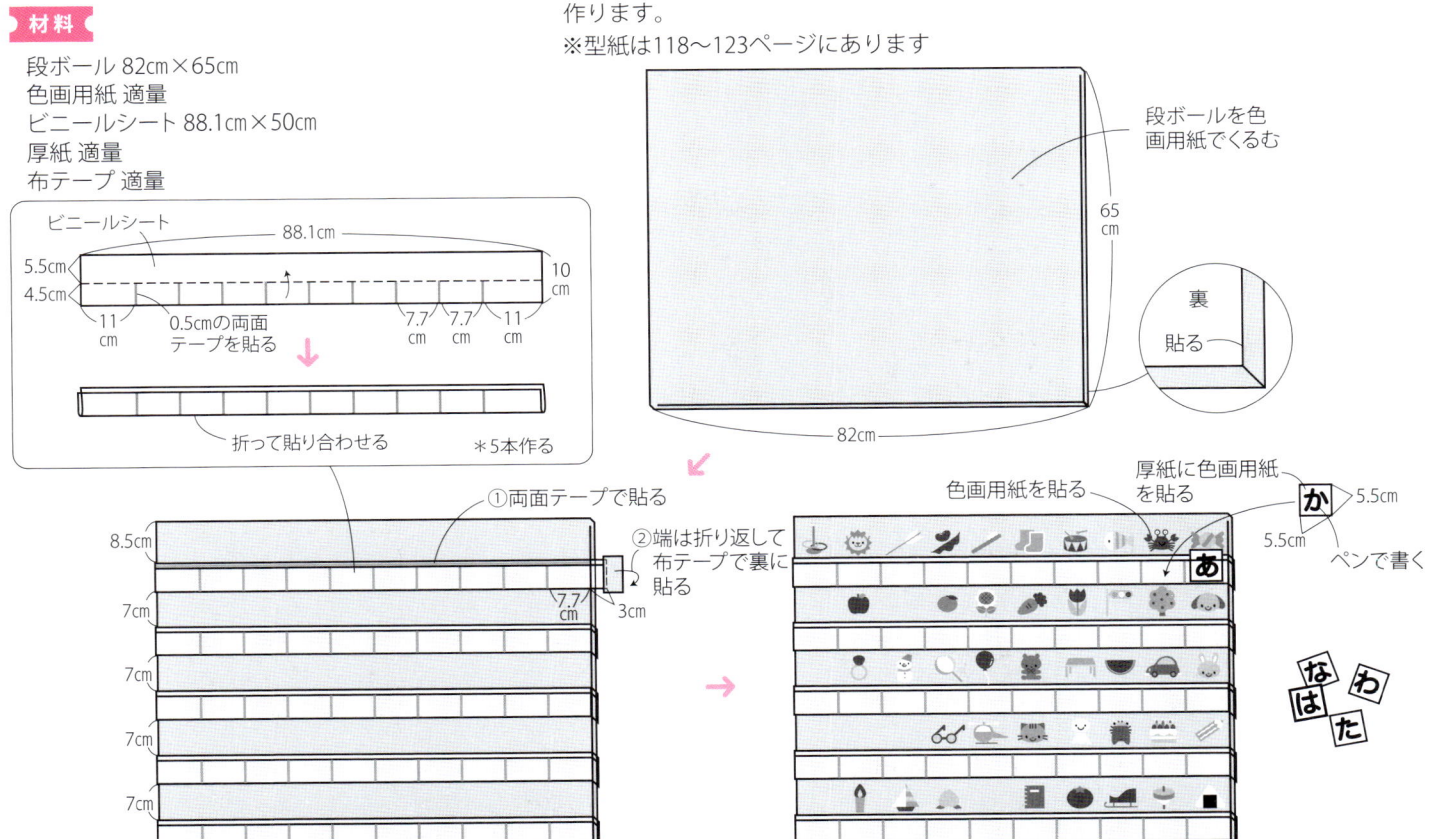

段ボールを色画用紙でくるむ
65cm
82cm
裏 貼る

①両面テープで貼る
②端は折り返して布テープで裏に貼る

8.5cm
7cm
7cm
7cm
7cm
7.7cm　3cm

色画用紙を貼る
厚紙に色画用紙を貼る
か　5.5cm
5.5cm
ペンで書く

あ　な　は　わ　た

P.80 学習遊び
あいうえおポケット

実物大型紙　※作り方は117ページにあります

＊指定以外全て色画用紙

顔料ペン

119

P.80 学習遊び
あいうえおポケット

実物大型紙

＊指定以外全て色画用紙

顔料ペン
顔料ペン
顔料ペン
顔料ペン
顔料ペン

なにぬねの

あ	か	さ	た
い	き	し	ち
う	く	す	つ
え	け	せ	て
お	こ	そ	と

P.80 学習遊び
あいうえおポケット

実物大型紙

＊指定以外全て色画用紙

ろらもま
わりやみ
をるゆむ
んれよめ

はひふへほ

P.82 学習遊び
1から10の数

材料

段ボール（厚み0.3cm）適量
色画用紙 適量
ペットボトルのふた 55個

作り方
① 段ボールを切ります。
② 枠を作ります。
③ しきりをつけます。
④ 数字を貼ります。

❶
- 側面B 段ボール 1枚：2.7cm × 37.3cm
- 下 段ボール・色画用紙 各1枚：37cm × 36.3cm
- 側面A 段ボール 1枚：6.3cm × 2.7cm、6cm
- 上 段ボール・色画用紙 各1枚：3cm × 36.3cm
- 側面C 段ボール 2枚：2.1cm × 36.3cm

しきり 段ボール 各1枚（幅1.6cm）：
- A 6.1cm
- B 9.2cm
- C 12.2cm
- D 15.3cm
- E 18.4cm
- F 21.4cm
- G 24.5cm
- H 27.6cm
- I 30.6cm

❷ 側面A／上／側面C／側面B／下　木工用ボンドで貼る　色画用紙を貼る

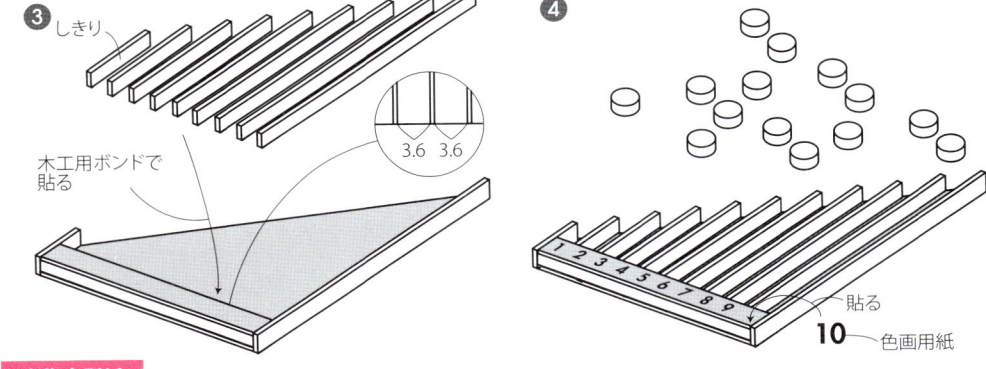

❸ しきり　木工用ボンドで貼る　3.6　3.6

❹ 貼る　10　色画用紙

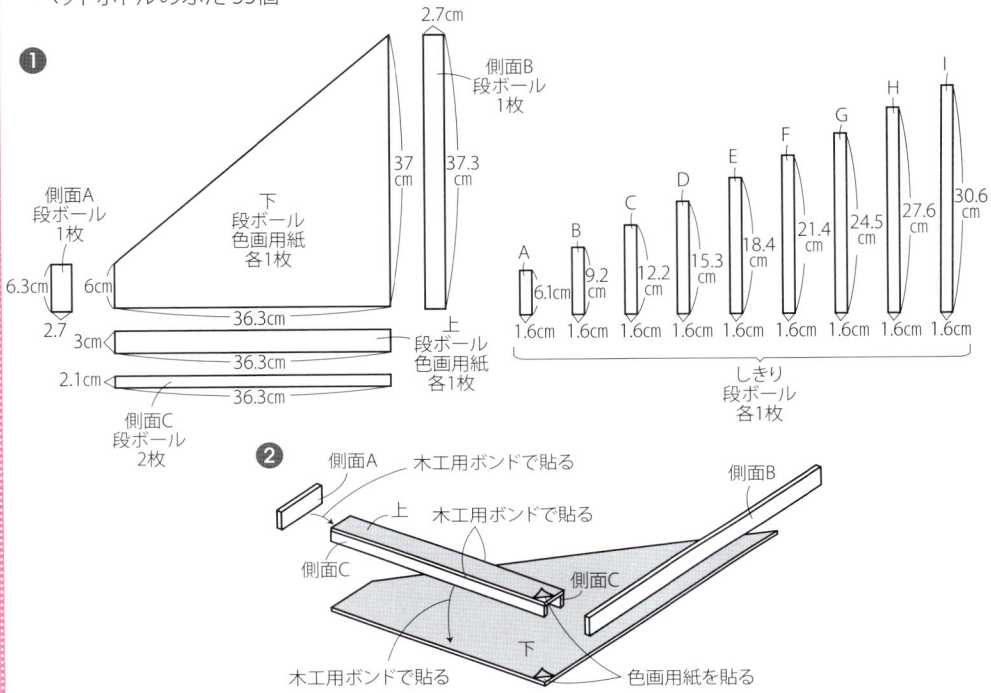

実物大型紙
※全て色画用紙

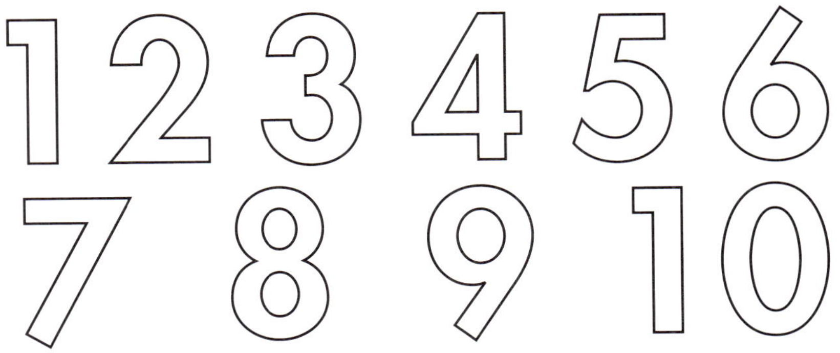

1 2 3 4 5 6 7 8 9 10

P.83 学習遊び キリンの身長計

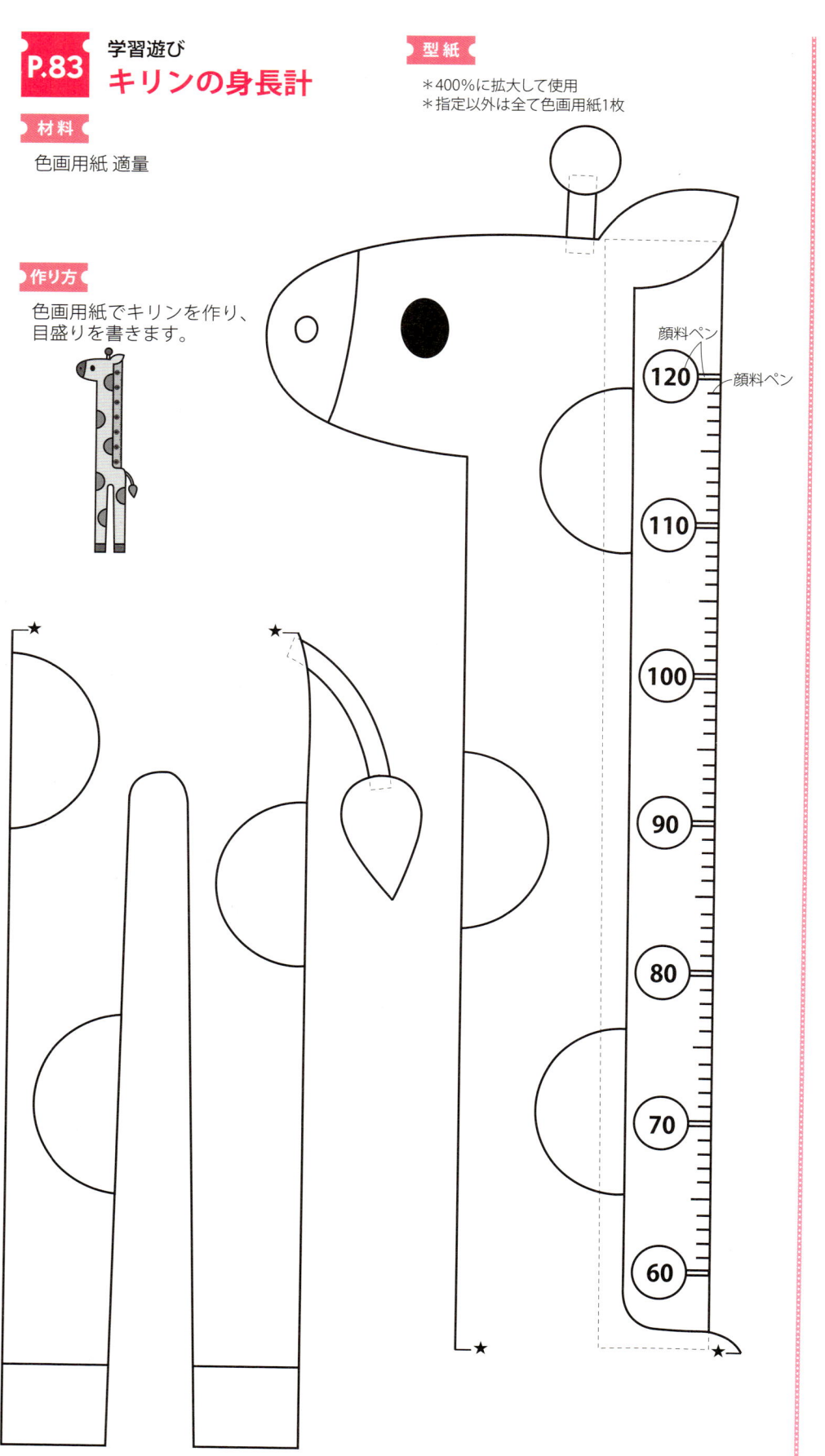

型紙
＊400%に拡大して使用
＊指定以外は全て色画用紙1枚

材料
色画用紙 適量

作り方
色画用紙でキリンを作り、目盛りを書きます。

顔料ペン

P.84 学習遊び ABCカード

材料
フェルト 適量

作り方
正方形のフェルトの土台に、アップリケを貼ります。裏にアルファベットを貼ります。

表
6.5cm
6.5cm
フェルト
木工用ボンドで中心に貼る

裏
フェルト
木工用ボンドで中心に貼る

実物大型紙

*全てフェルト1枚

125

P.84 学習遊び
ABCカード

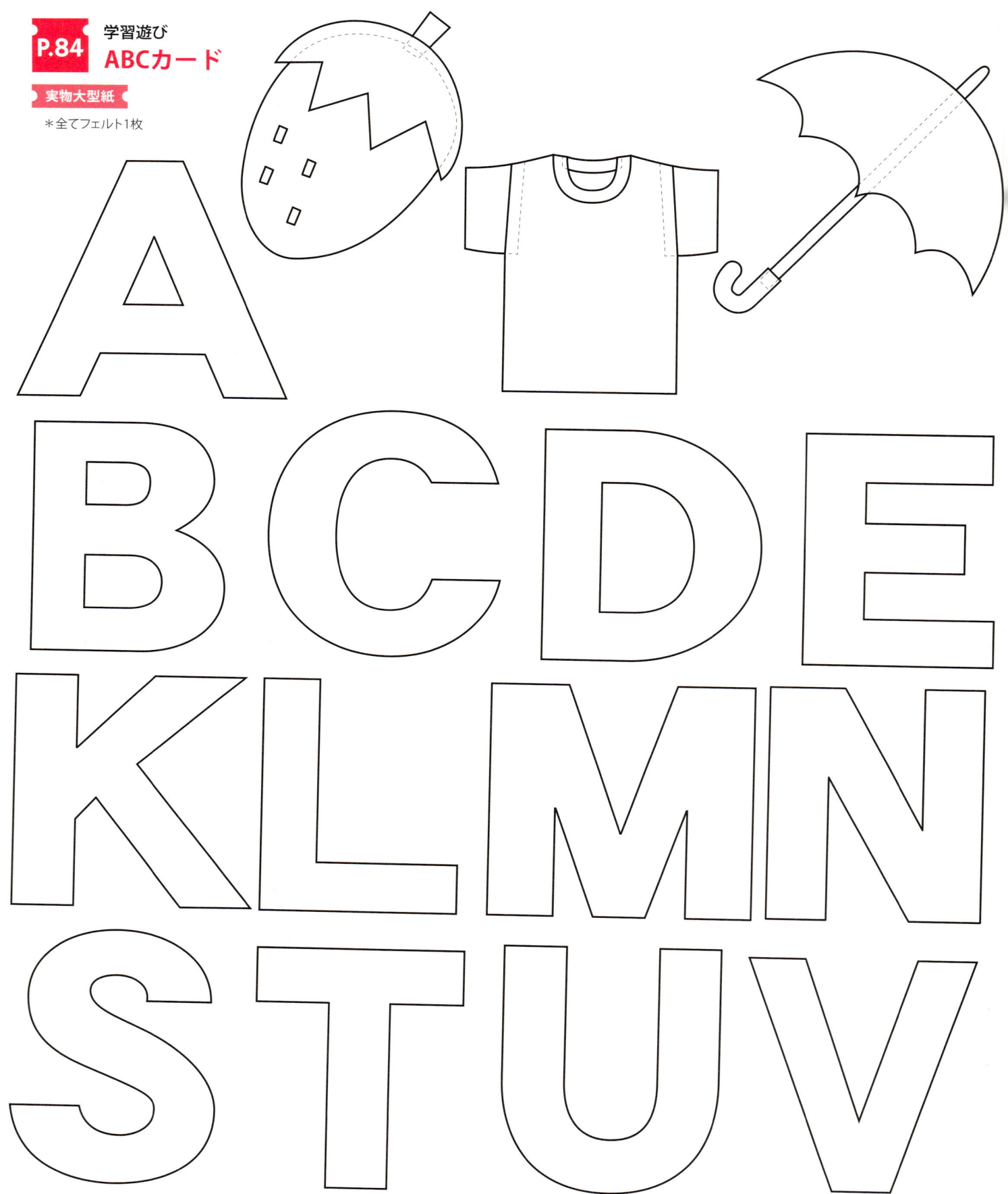

実物大型紙

＊全てフェルト1枚

A B C D E
K L M N
S T U V

FGHIJ

OPQR

WXYZ

127

著 者
寺西 恵里子　ERIKO TERANISHI

（株）サンリオに勤務し、子ども向けの商品の企画デザインを担当。退社後も "HAPPINESS FOR KIDS" をテーマに手芸、料理、工作を中心に手作りのある生活を幅広くプロデュース。その創作活動の場は、実用書、女性誌、子ども雑誌、テレビと多方面に広がり、手作りを提案する著作物は400冊を超える。

http://www.teranishi-eriko.co.jp

寺西恵里子の本
- 『0・1・2歳のあそびと環境』（フレーベル館）
- 『365日子どもが夢中になるあそび』（祥伝社）
- 『3歳からのお手伝い』（河出書房新社）
- 『こどもの折り紙あそび』（ブティック社）
- 『もっとかんたんマフラーと帽子』（辰巳出版）
- 『ひと玉でできるかぎ針編みのモチーフ編み』（日東書院）
- 『心に残る手作りひとことカード』（PHP研究所）
- 『チラシで作るバスケット』（NHK出版）
- 『広告チラシでつくるインテリア小物』（主婦と生活社）
- 『粘土でつくるスイーツ＆サンリオキャラクター』（サンリオ）
- 『はじめてのおさいほう 全4巻』（汐文社）

スタッフ
- 撮　　影● 井上 孝明
- ブックデザイン● NEXUS DESIGN
- 作り方イラスト● 吉田 千尋　宮﨑 優貴
- 作品制作● やの ちひろ　関 亜紀子　室井 佑季子
　　　　　　加島 裕子

アイデアいっぱい!! 遊んで学べる知育おもちゃ

- 著　者　寺西恵里子（てらにし えりこ）
- 発行者　風早健史
- 発行所　成美堂出版
　　　　　〒162-8445　東京都新宿区新小川町1-7
　　　　　電話(03)5206-8151　FAX(03)5206-8159
- 印　刷　大日本印刷株式会社

©Teranishi Eriko 2012　PRINTED IN JAPAN
ISBN978-4-415-31248-4

落丁・乱丁などの不良本はお取り替えします
定価はカバーに表示してあります

• 本書および本書の付属物を無断で複写、複製（コピー）、引用することは著作権法上での例外を除き禁じられています。また代行業者等の第三者に依頼してスキャンやデジタル化することは、たとえ個人や家庭内の利用であっても一切認められておりません。